Christa Prameshuber

DAS MIT DER LIEBE
IST ALLES EIN SCHWINDEL

*Das bewegte Leben der Antonia Bukowsky –
Würdigung einer mutigen Frau*

Impressum

© 2020 by Christa Zihlmann-Prameshuber, Schindellegi, Schweiz
Alle Rechte vorbehalten.
Layout: Sandra Bauer, Linz, Österreich
Umschlaggestaltung und Umbruch: Werner Schmolmüller, Linz
Foto der Autorin: © Céline Nieszawer
Lektorat: Karin Schuhmann, Linz
Vertrieb: TRAUNER Verlag + Buchservice GmbH, Linz
Herstellung: Samson Druck, Samson Druck Straße 171, 5581 St. Margarethen
ISBN 978-3-99062-956-7

Für Evi und Uschi

Das mit der Liebe ...

Stammbaum Familien Hurch & Bukowsky

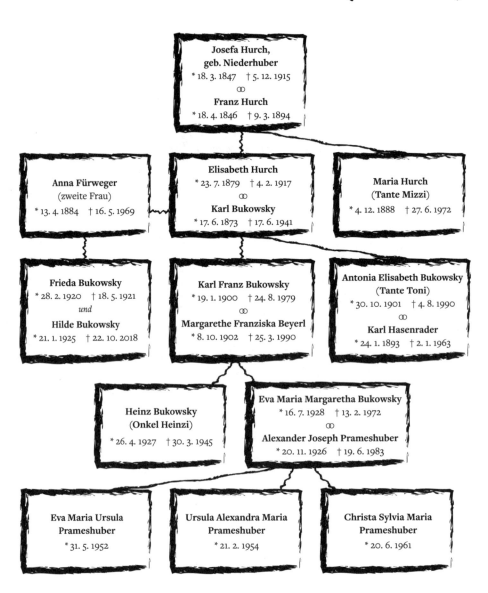

... ist alles ein Schwindel

Das mit der Liebe …

„Nicht jene, die streiten,
sind zu fürchten,
sondern jene, die ausweichen.

Marie von Ebner Eschenbach

Inhalt

- 8 — Prolog
- 9 — **Ich möcht' so gerne wissen, ob sich die Fische küssen**
  Erste Erinnerungen
- 18 — **Was uns nicht umbringt, macht uns nur härter**
  Die Bukowskys
- 31 — **Ohne Fleiß kein Preis**
  Lehrjahre
- 40 — **Das mit der Liebe ist alles ein Schwindel**
  Erste Liebe
- 60 — **Nobel geht die Welt zugrunde**
  Berufswelt und Weiterkommen
- 64 — **Es geht alles vorüber, es geht alles vorbei**
  Die Kriegsjahre
- 73 — **Probieren geht über Studieren**
  Weiterleben in der Nachkriegszeit
- 77 — **Schwamm drüber**
  Die Ehe mit Karl
- 84 — **Selbst ist die Frau**
  Tante Toni nimmt ihr Witwendasein in die Hand
- 91 — **Übermut tut selten gut**
  Tante Toni kümmert sich um ihre Großnichten
- 97 — **Spelunke zur alten Unke**
  Spiele und eine Bar im Keller
- 102 — **Wenn einer eine Reise tut, dann kann er was erzählen**
  Tante Toni zeigt uns die Welt
- 115 — **Gehupft wie gesprungen**
  Alter und Abschiednehmen
- 123 — Epilog

Das mit der Liebe ...

PROLOG

Jeder Mensch trägt einen Schatten in sich.

Der meiner Großtante war 178 Zentimeter groß, hager und hieß Frank Plank.

Wir entdeckten seine Existenz kurz nach ihrem Tod, in Form von siebenundvierzig Briefen, die in einem abgegriffenen Kuvert in einer verborgenen Ecke ihrer Kredenz über sechzig Jahre lang versteckt lagen.

... ist alles ein Schwindel

„ICH MÖCHT' SO GERNE WISSEN, OB SICH DIE FISCHE KÜSSEN"

Erste Erinnerungen

„Rühr dich nicht, und mach ja keinen Muckser – wir holen dich bald wieder runter", befahlen meine beiden Schwestern, nachdem sie mich mithilfe einer altersschwachen Leiter und unter Einsatz all ihrer jugendlichen Kräfte, die in einer Elf- und einer Dreizehnjährigen steckten, auf den hohen Eichenschrank im Schlafzimmer meiner Eltern gehievt hatten. „Das ist ein neues Spiel! Du musst da oben bleiben, sonst kommt der blaue Hund!" Dann verschwanden sie laut lachend mitsamt der Leiter und ließen mich verdutzt auf dem noch von meinen Großeltern stammenden Monstrum allein.

Wir schrieben das Jahr 1965 – ich war vier Jahre alt. Anfangs erfüllte es mich sogar mit Stolz, dass meine beiden Schwestern mich in diese unerwartete Höhe gehoben hatten. Der ungewohnte Blick vom Kasten aus war schwindelerregend. Aus Angst hinunterzufallen wagte ich kaum, mich zu bewegen, und wo genau war denn nun der blaue Hund? War der böse oder vielleicht doch lieb? Nach einiger Zeit wurde mir langweilig und kalt. Tante Toni, die damals vierundsechzig Jahre alt war, hatte die ganze Zeit schon nach mir gerufen. Ihre Stimme klang zunehmend beunruhigter, detektivisch suchte sie die ganze Wohnung nach mir ab. Als sie sich ins Elternschlafzimmer wagte, was aus Pietätsgründen nur selten vorkam, rief ich fröhlich vom Gipfel des Kastens und in der Hoffnung auf ein baldiges Ende des Spiels: „Tante Toni, hier bin ich!" Zu Tode erschrocken, blickte sie zu mir hoch, schlug die Hände über dem Kopf zusammen und rief: „Jessas Maria, was machst du denn da oben?" „Stell dir vor, Evi und Uschi haben mich da hinaufgesetzt, weil sonst der blaue Hund kommt!", erklärte ich ihr euphorisch, fügte dann aber rasch hinzu: „Jetzt will ich aber wieder runter. Mir ist so kalt. Und Hunger hab' ich auch."

Die Frage war nur: Wie sollte ich auf den Boden gelangen? Die von meinen Schwestern benutzte Leiter war unauffindbar und um nichts in der Welt hätte meine Großtante mich ohne diese wieder herunterholen können. Herr Lindinger, unser alleinstehender Nachbar, der etwa im gleichen Alter wie Tante Toni war, musste schleunigst gerufen werden. Er war immer schon der „Mann für alles" gewesen: Er konnte Spielzeug aller Art in seinem nach Klebstoff riechenden Werkzeugschuppen reparieren. Darin herrschte trotz des Sammelsuriums an Materialien eine gewisse staubige Ordnung. Jedes Mal, wenn wir kurz einen Blick hineinwerfen durften, sah es dort aus wie in Ali Babas vollgestopfter Felsenhöhle.

Auch dieses Mal rettete mich Herr Lindinger mit seiner eiligst herbeigeholten Leiter von meinem Hochsitz. Meine Schwestern schauten mit Unschuldsmiene zu. Den blauen Hund bekam ich übrigens nie zu Gesicht. Dieses Erlebnis bleibt meine erste Erinnerung an Tante Toni.

Tante Toni mit mir im Arm, 1964

Wir liebten Herrn Lindinger, weil er alle unsere kaputtgegangenen Puppen, zerfetzten Drachen und verbogenen Dreiräder problemlos wieder instandsetzen konnte. Er zimmerte Holztischchen und Gartenhäuser, befestigte die Seile der Schaukel sicher und fest an einer eisernen Querstange und holzte zu hoch gewachsene Sträucher und Bäume in unserem verwilderten Garten ab. Er sprach nicht viel, hielt sich vielmehr im Hintergrund, aber lächelte uns immer freundlich an. Wir drei Schwestern hegten einen ausgeklügelten Plan, um die für uns so praktische Verbindung zu festigen: Wir wollten den geschickten Herrn Lindinger mit Tante Toni, die seit kurzer Zeit verwitwet war, verkuppeln.

Auf diese Weise, so unsere Hoffnung, würde auch sie in unserer unmittelbaren Nähe wohnen und wir Mädchen würden sie viel öfter sehen. Leider sollte dieses raffinierte Vorhaben zu unserem allergrößten Bedauern niemals aufgehen. Die absichtlich herbeigeführten kleine Unfälle, die wir inszenierten, um Herrn Lindinger zu rufen, wurden von Tante Toni bald entlarvt und sie sah uns nur mit einem unmissverständlichen Seitenblick an, der bedeutete „jetzt reicht's" und schlussendlich gaben wir unsere – wie sie das nannte – „Spompanadeln" endgültig auf.

Tante Toni war klein und rundlich mit ungewöhnlich dichtem, schlohweiß gelocktem Haar, welches sie kinnlang trug. Immer wieder fiel eine widerspenstige Locke auf ihre ausdrucksvolle, fast etruskisch anmutende Nase. Sie hatte wissbegierige Augen und strahlte alles in allem Kampfgeist aus. Noch heute höre ich ihr herzliches, ansteckendes Lachen, das sich über mehrere Tonleitern hin erstreckte. Wenn sie einen Lachanfall hatte, klatschte sie in die Hände und stampfte mit dem Fuß auf den Boden, beides zusammen ähnelte einem Schuhplattler.

Fasziniert beobachtete ich ihre nahezu kindlichen Hände, die sie oft andächtig ineinanderfaltete und dabei die beiden Daumen umeinander wirbelte, erst in die eine, dann abrupt in die andere Richtung. Diese Angewohnheit, die sie bis zu ihrem Tode beibehielt, beäugte ich aufmerksam und versuchte Tante Toni unauffällig nachzueifern. Sie schmunzelte, wenn sie sah, wie ich sie ungeschickt zu imitieren versuchte.

Tante Toni war die jüngere Schwester meines Großvaters, in dessen Haus wir drei Mädchen mit unseren Eltern wohnten. Meine Großeltern führten trotz ihres bereits fortgeschrittenen Alters noch immer das von den Vorfahren großmütterlicherseits übernommene Spielwarengeschäft Beyerl in Linz. Meine vielseitig begabte Mutter unterstützte ihre Eltern in diversen Bereichen. Erfindungsreich dekorierte sie die Auslagen für staunende Kinderaugen, sie kutschierte meine führerscheinlosen Großeltern täglich hin und her, lieferte Bestellungen ab und kümmerte sich auch noch um den Haushalt. Vor allem aber schlichtete sie charmant die im Familienkreis aufkeimenden Generationskonflikte. Meine Großmutter vertrat nämlich ihrer Tochter gegenüber strenge und biedere Ansichten, was Erziehungs- und Geldfragen betraf, meine Mutter hingegen war aufgeschlossen, herzerfrischend großzügig und vor allem sehr diplomatisch. Mein Vater arbeitete als Jurist bei der Post- und Telegraphenanstalt in Linz, unweit des Spielwarengeschäfts. Den Laden meiner

Großeltern betrat er nie. Er fühlte sich dort, wie überall in Gegenwart seiner Schwiegermutter, unerwünscht und machte sich daher rar.

Unser Jugendstil-Wohnhaus befand sich am nördlichen Donauufer gegenüber dem Linzer Hauptplatz in Urfahr. Da alle Erwachsenen berufstätig und daher tagsüber außer Haus waren, kam Tante Toni unter der Woche zu uns, um meine beiden Schwestern nachmittags nach der Schule und mich nach dem Kindergarten zu beaufsichtigen. Für sie bedeutete das einen langen und beschwerlichen Weg. Sie musste von ihrer in Bahnhofsnähe liegenden Wohnung auf der Linzer Seite mit Bus und Straßenbahn zu uns fahren, was ihr wegen ihrer rheumatischen, bei jedem Schritt schmerzenden Beine schwerfiel. Tante Toni hatte sich spontan meiner Mutter als „Kindermädchen" für uns angeboten, weil sie ihre Nichte innig liebte und der Meinung war, dass berufstätige Mütter unterstützt werden mussten. In dieser Hinsicht war unsere Großtante sehr modern eingestellt, denn sie fand, Frauen sollten eine gute Ausbildung genießen und ihr eigenes Geld verdienen. Sie selbst hatte sich an dieses Credo gehalten und es uns auch vorgelebt. „Von nix kommt nix", belehrte sie gerne, auf nicht berufstätige Frauen anspielend, die sich über zu wenig Anerkennung und Geld beschwerten. In den frühen Sechzigerjahren gab es nur wenige verheiratete Mütter mit drei Kindern, die, so wie meine, trotz eines gut verdienenden Ehemanns berufstätig waren – wenn auch nur in Teilzeit.

Meine beiden um sieben und neun Jahre älteren Schwestern und ich vergötterten Tante Toni. Sie war, abgesehen von meiner Mutter, ganz anders als die anderen Erwachsenen um uns herum: humorvoll, ideenreich, unkompliziert. In den folgenden Jahren verbrachten wir unzählige vergnügliche Nachmittage und später auch Reisen mit unserer Lieblingstante. Geduldig spielte sie stundenlang Karten mit uns oder „Fang den Hut" und „Mensch ärgere dich nicht". Dabei erzählte sie, wenn unser Geplapper und Lachen es zuließ, packende Geschichten aus ihrer Jugend oder sang Schlager aus den Dreißigerjahren. Unser Lieblingsspiel war „DKT – Das kaufmännische Talent". Auch Tante Toni hatte sichtlich ihren Spaß daran. Mit so viel Geld agieren zu dürfen, wenngleich es nur Spielgeld war, erschien uns aufregend und entfachte hitzige Diskussionen über An- und Verkauf von Grundstücken, Häusern und Hotels in den nobelsten Gegenden. Wir besaßen je eine Österreich- und eine Europa-Ausgabe. Bei Ersterer gierten wir alle nach Besitztümern in Wien, besonders in der Kärntner Straße, die sogar uns Kindern ein Begriff war. Wir wussten, dass dort das legendäre Hotel Sacher stand. Tante Toni erzählte blumig aus der

K.-u.-k.-Epoche und von Frau Sachers Leidenschaft für Bulldoggen und Zigarren. Eisenstadt hingegen, das so weit weg lag, konnten wir trotz seines majestätischen Schlosses Esterhazy nicht viel abgewinnen. Bei der Europa-Ausgabe ließen wir uns Namen wie Champs-Elysées in Paris, Londons Oxford Street und die Bahnhofstraße in Zürich genüsslich wie Schokolade auf der Zunge zergehen. Mitunter feilschten wir lautstark miteinander, ebenso auch mit der Bank, nachdem diese jeder Spielerin ein Startkapital zur Verfügung gestellt hatte. Die Würfel drehten und bespuckten wir, damit sie uns das notwendige Glück bescherten. Landete eine von uns unglücklicherweise auf fremdem Grund und Boden, musste sie mit den bunten Spielgeldscheinen umgehend Strafe oder Miete bezahlen. Wem dazu das nötige Kleingeld fehlte, der musste bei der Bank vorsprechen. Tante Toni war hocherfreut, dass wir dem Spiel so viel Begeisterung entgegenbrachten, erschien es ihr doch unerlässlich, schon früh geschäftliches Geschick und einen gesunden Umgang mit Geld zu erlernen. Deswegen investierte sie bemerkenswerte Geduld in diese Schule des Lebens und verbrachte unvergessliche Stunden mit uns beim Spielen im Kinderzimmer. Vermutlich aber holte sie damit auch ihre eigene Kindheit nach, in der Lachen und Glücksmomente selten waren.

Das Ravensburger „Natur-Memory" mit Petunia oben in der Mitte

Auch „Memory" liebten wir Kinder heiß. Unsere Lieblingskarte war eindeutig die freche weiße Gans auf rotem Grund mit dem Namen Petunia. In ihrem gelben Schnabel trug sie keck eine Blume und watschelte frohgemut dahin. Wer dieses Kartenpaar fand, so beschlossen wir, war eindeutig Siegerin. Wir stritten häufig um Petunia, weshalb ich einmal voller Wut hineinbiss und meine Milchzahnabdrücke für immer auf dem Kärtchen hinterließ.

Während unserer Spielnachmittage lief immerzu das Radio, es war der Beginn unseres Lieblingssenders Ö3. Meine Schwestern schwärmten für die Musik der Sechzigerjahre und sangen bei allen Hits lautstark mit. Wenn ihnen der Text fehlte, ersetzten sie ihn einfach durch „La-la-la". Da ich sie natürlich nachahmte, bin ich heute noch eine große Kennerin der Schlager dieser Zeit und erkenne schon beim allerersten Ton den Titel oder den Sänger bzw. die Sängerin. Neben dem Radio verwendeten wir ein monströses Magnetophonband und die Reihenfolge der meist zu Beginn und am Ende abgeschnittenen Musikstücke brannte sich für immer in mein Gedächtnis ein. Anfangs waren es besonders deutsche Schlager, etwa „Schuld war nur der Bossa Nova", „Rote Lippen soll man küssen", „Marmor, Stein und Eisen bricht" oder „Kriminaltango", dann aber kamen langsam die Beatles, die Rolling Stones, die Beach Boys, die Kinks, Herman's Hermits, Janis Joplin, Melanie, Jimi Hendrix und die Bee Gees dazu. Die deutschen Schlager beherrschte auch Tante Toni und wir sangen beim Spielen lauthals gemeinsam die Refrains. Dazu gab es Almdudler oder Schartner Bombe, diese typisch österreichischen Getränke, und belegte Brote, die meine Mutter liebevoll vorbereitet hatte, bevor sie zurück ins Geschäft ging. Sie garnierte die Semmeln mit Extrawurst oder ungarischer Salami und zauberte mit Gurkerln, Paprikastreifen und Mayonnaise-Tupfen lachende Gesichter auf den wurstigen Untergrund.

Die Haare meiner Schwestern wurden Ende der Sechzigerjahre länger und sie fingen an, die damals kurz aufgekommenen Papierkleider und wildlederne Fransenröcke zu tragen. So kündigte sich langsam modisch und musikalisch auch in unserem Kinderzimmer in Linz-Urfahr Woodstock an.

Tante Toni war eine wandelnde Enzyklopädie an Sprichwörtern und Aphorismen. Sie liebte es nicht nur, diese immerzu auf unser Drängen hin zu wiederholen; sie setzte die in unseren Kinderohren kuriosen Worte zusätzlich durch urkomische Gesten in Szene. Wir kreischten bei ihren bühnenreifen Auftritten und applaudierten wie wild. Unvergesslich bleibt mir ihr monotoner Wortgesang „Die Chinesen haben Zöpfe, ungeheure Wasserköpfe".

Dabei streckte unsere Großtante die Arme in die Höhe, als würde sie zu einer Gottheit beten, bückte sich dann mehrmals – soweit es ihr Rheuma erlaubte –, mit den ausgestreckten Armen zum Boden zeigend. Dieser akrobatische Akt fiel ihr sichtlich nicht leicht, doch sie erfreute sich an unseren Jubelrufen. „Noch einmal!", spornten wir sie an.

Dieser ungewöhnliche Reim stammte, wie ich erst viele Jahre später herausfand, aus einem jüdischen Kinderbuch der Dreißigerjahre. Wir fragten Tante Toni oft über die Chinesen aus, denn damals schien China unendlich weit entfernt, sagenhaft fremdartig und exotisch. Tante Toni vertrat die Ansicht, Chinesen stellten „die gelbe Gefahr" dar. „Sind die wirklich gelb?", wollte ich wissen. „Ja", sagte sie, „richtig gelb. Wie eure Kanarienvögel. Und Schlitzaugen haben sie auch." Im folgenden Kinderfasching bettelte ich meine Mutter an, mich als Chinesin verkleiden zu dürfen, einen langen Zopf hatte ich ja schon. Augenzwinkernd lieh Tante Toni für mich das entsprechende Kostüm, bestehend aus einem kegelförmigen Papphut, schwarzer Tunika und ebensolchen Hosen. Meine Schwestern malten mit ihrem Augenbrauenstift kunstfertig einen Dschingis-Khan-Bart auf mein Kindergesicht.

Unsere Großtante hielt indes große Stücke auf das chinesische Horoskop. Sie und ich waren beide Büffel und sie las mir aus einem mitgebrachten Artikel vor: „Zu den chinesischen Tierkreiszeichen zählen Ratte, Tiger, Hase, Drachen, Schlange, Pferd, Ziege, Affe, Hahn, Hund und Schwein. Sie symbolisieren in einem zwölfjährigen Zyklus verschiedene Eigenschaften, die dem jeweiligen in diesem Jahr Geborenen zugeordnet werden." In dieser illustren Schar wirkte der Büffel auf mich nahezu sympathisch. „Der Büffel besetzt die zweite Position im chinesischen Tierkreiszeichen, er ist bekannt für seinen Fleiß, seine Zuverlässigkeit, Kraft und Entschlossenheit. Menschen in diesem Tierkreis haben ein aufrichtiges Wesen, empfinden starken Patriotismus, hegen Ideale und Ambitionen für ihr Leben, ihre Familie und Arbeit. Mit ihrem unerschütterlichen Vertrauen erlangen diese Menschen großen Erfolg." Besser als anhand dieser Merkmale hätte man Tante Tonis Charakterzüge nicht beschreiben können.

„Schnapsen", „Canasta" und „Rommé", welche wir stets zu viert spielten, zählten zu unseren beliebtesten Kartenvergnügen. Wir Schwestern schummelten natürlich gelegentlich und wenn Tante Toni uns dabei ertappte, erhob sie sich mit gespielt erbostem Blick und rief: „Ihr Falschspielerinnen, jetzt steck' ich mir die Karten an den Hut!" Tatsächlich unterbrach sie so das Spiel und befestigte einige Karten an der Schleife ihres altmodischen Stadthutes. Es war eben eines ihrer Hobbys, beliebte Redensarten mimisch umzusetzen. Dann lachte sie herzhaft, drehte einige Runden durchs Kinderzimmer und schien fast wie Mary Poppins zu schweben, bevor sie wieder am Tisch Platz nahm und das Spiel weiterging. Tante Toni mochte Hüte und besaß derer zwei: die Sommer- und die Wintervariante. Damals wirkten derartige Kopfbedeckungen äußerst altbacken, was Tante Toni jedoch herzlich egal war. Besonders da ihre Modelle mit mageren Vogelfedern geschmückt waren, die wir Kinder öfters im Garten fanden und ihr schenkten.

Wenn auch Tante Tonis Hüte als altmodisch galten ...

Tante Toni, unkonventionell und praktisch veranlagt, wie sie war, brachte uns natürlich auch das professionelle Mischen der Karten bei – das sogenannte „Bogenmischen". Immer wieder teilten unsere Kinderhände den Kartenstapel in zwei Hälften. Mithilfe des Daumens wölbten wir diese dann nach innen und ließen rasch wieder los, sodass sich die Karten ineinander fächerten. Wir übten so lange, bis die Technik perfekt saß. Im Kindergarten führte ich dann stolz meine Kartentricks vor und erntete ehrliche Bewunderung dafür. Auch in meinem späteren Leben habe ich so manchen Burschen mit diesem Können beeindruckt.

Sooft es ging, versuchten wir, Tante Toni unseren absoluten Lieblingsspruch zu entlocken: „Ich möcht' so gerne wissen, ob sich die Fische küssen. Unterm Wasser sieht man's nicht, und überm Wasser tun sie's nicht." Wir stellten uns dabei die Fische vor, wie sie heimlich unter Wasser miteinander schmatzten, und quietschten vor Begeisterung. Heute weiß ich: Diese Zeilen stammten von einem Lied des Sängers und Schauspielers Max Hansen aus dem Jahr 1934. Er war Gründer des legendären Berliner Kabaretts gewesen. Auf Adolf Hitler und die nationalsozialistische Bewegung hatte Hansen scharfzüngige Spott-

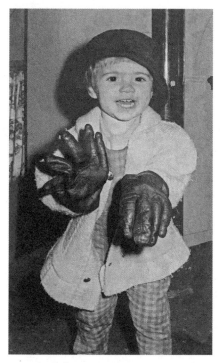

... mir gefielen sie besonders gut, wie auch ihre Handschuhe

Chansons gedichtet. In seinem leicht frivolen Gassenhauer „War'n Sie schon mal in mich verliebt?" hatte er Hitler homosexuelle Neigungen unterstellt, was zu einem Eklat führte. Hansen, der jüdische Vorfahren gehabt hatte, wurde bei der Erstaufführung angepöbelt und mit Tomaten beworfen. Der unliebsame Künstler erkannte die Gefahr und verließ rechtzeitig Hitlers „Tausendjähriges Reich". Tante Toni hatte uns ihre große Bewunderung gegenüber antinationalsozialistischen Künstlern wohl auch gezielt mit Liedern und Sprichwörtern nahebringen wollen. Das erkannte ich aber erst viele Jahre später. Sie, die die Gräuel der Nazis am eigenen Leib erfahren musste, brachte uns gesunden Menschenverstand bei und erzog uns zu kritischen Beobachterinnen.

Das mit der Liebe ...

„WAS UNS NICHT UMBRINGT, MACHT UNS NUR HÄRTER"

Die Bukowskys

„Ich hab' keine tanzfrohe Jugend gehabt", schrieb Tante Toni 1974 in einem Brief an meine Schwester, „aber euch Mädchen gönn' ich den Frieden von ganzem Herzen".

Die Familie meines Großvaters und seiner Schwester stammte aus dem südböhmischen Neuhaus, dem heute in Tschechien befindlichen Jindřichův Hradec. Natürlich begab ich mich als Erwachsene auf die Suche nach dem Ursprung der bunten Familiengeschichten, die unser Großvater uns erzählt hatte. Die Tschechen waren die zahlenmäßig drittstärkste Ethnie der Habsburgermonarchie, die böhmischen Länder zählten zu ihren historischen Hauptsiedlungsgebieten. Der kleine, wunderschön renovierte Hauptplatz von Neuhaus wirkt heute ein bisschen wie der Linzer Hauptplatz: Eine Pestsäule prangt stolz in der Mitte, prächtige Barock- und Rokoko-Häuser umrunden die Säule in einem sanften Oval. Die Bukowskys lebten um 1880 in einem heute noch existierenden schmucken, lindgrünen Haus mitten im Stadtzentrum und übten, wie so viele der 25 000 Einwohner, den Beruf der Tuchhändler aus. Dieses traditionsreiche Gewerbe erlebte seine Hochblüte im achtzehnten und beginnenden neunzehnten Jahrhundert, bis schließlich der Niedergang einsetzte und eine starke Arbeitsmigration in das südlich gelegene Oberösterreich auslöste.

Das Familienwappen der Bukowskys zeigte ein Speichenrad mit einem griechischen Kreuz. Eine Besonderheit stellten Straußenfedern auf dem Rad dar, die, so hatte mein Großvater herausgefunden, auf polnische Wurzeln verwiesen. Tante Toni bewahrte eine abgegriffene Kopie davon in ihrer Dokumentenmappe auf. Konkrete Hinweise auf Polen fehlten allerdings, doch uns Kindern gefiel dieses über die oberösterreichischen Grenzen hinausgehende Detail. „Und du bist sicher, dass wir nicht mit Charles Bukowski verwandt sind?", wollte meine Schwester Uschi wissen, die die Gedichte und Bücher des amerikanischen Schriftsteller Charles Bukowski damals heimlich unter der Bettdecke las. „Dann könnt ich endlich mal nach Kalifornien fahren und ihn besuchen", seufzte sie. Doch leider war dem nicht so.

Das Stammhaus der Bukowskys in Neuhaus (Jindřichův Hradec) im heutigen Tschechien

Mein gleichnamiger Großvater war allerdings auch ein talentierter Geschichtenerzähler, das muss den Bukowskys wohl in die Wiege gelegt worden sein.

1898 hatte sich Tante Tonis Vater, mein Urgroßvater Karl Bukowsky, im Alter von fünfundzwanzig Jahren ins oberösterreichische Städtchen Weyer begeben, wo er sich als Friseur niederließ. Alte Aufnahmen zeigen einen stattlichen Herrn mit gezwirbeltem Schnurrbart und gewelltem Haar. 1906 wurde die Dauerwelle erfunden, die aufgrund der chemischen Produkte die Haare oft lila-blau erscheinen ließ. Beim Anblick älterer Damen mit diesen kunstfarbigen Wellen flüsterte Tante Toni mir auf gut oberösterreichisch „schau, ein Waukerl" – eine Dauerwelle also – ins Ohr. Sowohl mein Großvater als auch Tante Toni legten zeit ihres Lebens großen Wert auf ihre Haarpracht, und irgendwann im Lauf der Zeit ist diese Marotte auch auf mich übergegangen.

Tante Toni, die mit sehr dichtem Haar gesegnet war, trug nachts sogar ein weißes Haarnetz zum Schutz ihrer lockigen Fülle.

Unsere Großtante zeigte uns Bilder von Kleopatra und ihrer komplizierten Haarpracht in verschiedenen Geschichtsbüchern, die in der umfassenden Bibliothek meines Vaters chronologisch und thematisch geordnet standen. Es gehörte zu ihrer Erziehungsmethode, uns Fragen möglichst sofort zu beantworten und oftmals nahm sie hierfür den Großen Brockhaus zuhilfe. Im selben Raum befand sich auch der hölzerne Globus, auf dem Tante Toni gedanklich mit uns durch alle Länder der Erde reiste. In Windeseile glitt sie mit ihrem Finger von Europa nach Asien und über den Pazifik, um nach einem kurzen Stopp in Amerika wieder auf den alten Kontinent zurückzueilen. Unterdessen erzählte sie von den Hottentotten, den Pygmäen, den Indianern und natürlich den Chinesen und beschrieb deren Eigenarten teils aus dem Lexikon, teils ergänzte sie die Texte mit erfundenen, oftmals prickelnden Einzelheiten. Tante Tonis Phantasie war eine Mischung aus Märchen, Selbsterfahrung und Libertinage.

Mein Großvater, Tonis Bruder, hatte im Ersten Weltkrieg sein rechtes Bein verloren und bewegte sich seither mühsam auf hölzernen Achselkrücken fort. Drum ließ er bei Bedarf immer einen jungen Friseur namens Hansi ins Haus kommen. Dieser brachte eine schwarze Ledertasche mit, die mit Scheren unterschiedlichster Größen, Kämmen, Rasierschaum und jeglichen Arten von Pinseln vollgepackt war. Das alles lag ordentlich aneinandergereiht in den Innenfächern seiner Tasche. Mein Großvater nahm auf einem hohen Stuhl in der Mitte unserer Bauernstube Platz und saß dort hoheitsvoll, wie auf einem Thron, worauf Hansi seinem Hauskunden einen weißen Friseurmantel um die Schultern schwang. Mit Hansi unterhielt sich Großvater während des Frisierens gern über Politik und Musik und ich durfte dabeisitzen und zusehen, wie Hansis Hände geschmeidig und flink die Haare schnitten, Rasierschaum auftrugen und mit einem Messer vom Kinn wieder abschabten.

Viele Jahre später fand ich heraus, warum mein Großvater so treu auf Hansi gezählt und nichts auf ihn hatte kommen lassen. Hansi war der Sohn eines im Zweiten Weltkrieg verschollenen Nachbarn, eines von meinem Großvater sehr geschätzten Mannes. Bis 1948 hatte Hansi mithilfe meines Großvaters verzweifelt versucht, den Verschollenen durch Zeitungsannoncen und Suchanfragen beim Roten Kreuz ausfindig zu machen – sein Vater aber kam aus der russischen Kriegsgefangenschaft nicht mehr nach Linz zurück. So fühlte sich mein Großvater, der zwar sein Bein, aber Gott sei Dank nicht sein Leben in diesen Schreckensjahren eingebüßt hatte, zeitlebens für Hansi verantwortlich.

Anfang 1899 hatte mein böhmischer Urgroßvater in einer Polka-Tanzgruppe die sechs Jahre jüngere Schneiderin Elisabeth Hurch kennengelernt, ein aus Linz stammendes adrettes junges Mädchen. Aus dieser Verbindung entstand etwas überstürzt mein Großvater, der am 19. Jänner 1900 als uneheliches erstes Kind der beiden zur Welt kam und traditionsgemäß auf den Vornamen seines Vaters Karl getauft wurde. Ein Jahr danach, im Jänner 1901, heirateten die beiden unter dem gesellschaftlichen Druck des Kleinstädtchens doch noch und bereuten es später beide. Das Hochzeitsfoto zeigt ein ansehnliches Paar: der Urgroßvater mit seinem wunderschön gewellten Haar, Elisabeth mit einem schmucken Hut. Dennoch wirkt der Ehemann neben Elisabeth ein wenig steif. Der Urgroßvater hält einen eleganten Zylinder der oberösterreichischen Hutmacherei Janout in der linken Hand. Die Initialen K. B. waren im Inneren des Hutes auf zwei kleinen ovalen Metallschildchen befestigt. Diesen Zylinder besitze ich heute noch. Er ist mit einem hochflorigen Samt bezogen, dessen flach liegende Härchen im Licht glänzen. Als Kind strich ich oft behutsam über diese edle Kopfbedeckung und fühlte mich in eine andere, längst vergessene Welt zurückversetzt. Wie war ich doch stolz, ihn bei Kostümfesten manchmal tragen zu dürfen. Ich denke, dieser perfekte Hut war sozusagen der Rahmen für den Kopf meines Urgroßvaters. Und doch wirken Braut und Bräutigam auf diesem Bild nicht wirklich glücklich.

Hochzeitsbild 1901:
Elisabeth Hurch und Karl Bukowsky

Das mit der Liebe ...

Ein Maler hat nach dem Vorbild dieses Hochzeitsfotos kurz nach der Verehelichung ein Porträt angefertigt. Die Braut ist an dem mit einem Spitzendekolleté verzierten Kleid, der Frisur und den tränenförmigen Perlenohrringen zu erkennen. Die hochzeitliche Kopfbedeckung fehlt und es wurde nur die junge, melancholisch dreinblickende Elisabeth abgebildet, ohne den frisch Angetrauten, so als hätte der Künstler geahnt, dass diese Gemeinschaft bald auseinandergehen würde. Das Bild hing bis zu Tante Tonis Tod in ihrem Wohnzimmer – und oft blickte sie es fast wehmütig an, als bedaure sie die Tatsache, ihre Mutter nicht besser gekannt zu haben.

Das Portraitbild von Elisabeth Bukowsky hing in Tante Tonis Wohnzimmer

Genau neun Monate nach der Verehelichung erblickte Antonia am 30. Oktober 1901 in Weyer an der Enns das Licht der Welt. Tante Toni beschrieb in einem ihrer zahlreichen Briefe ihre Geburtsstadt so: „Ein güldenes Märktl, wie es schon im Mittelalter hieß, denn die Enns sorgte für Arbeit und Brot, sodass schöne Häuser auf dem Marktplatz entstanden. Zur Zeit der Jahrhundertwende reisten immer viele Wiener an, die mit Kaiser Franz Joseph den Sommer genießen wollten. Für den Kaiser begann dort sein Lieblingszeitvertreib, der Gang in den Wald, um reihenweise Schnepfen und Wildsäue zu erlegen. Von der Jagd wusste ich ja nichts, war ja noch ein kleines Mädchen, aber die Schießerei war mir damals schon ein Gräuel." Weyer blieb für Tante Toni immer ein idyllischer Ort, gerne fuhr sie in späteren Jahren von Linz aus mit der „langsam dahinzuckelnden" Bahn durch die enge, atemberaubend schöne Landschaft und nahm uns hin und wieder auf den Spuren ihrer frühesten Kindheit mit.

Mein Großvater hatte das feine Antlitz seiner Mutter mit dem leicht melancholischen Blick geerbt, während seine jüngere Schwester von robusterer Statur war. Antonia war und blieb ihr Leben lang sehr klein – nie sollte sie 153 Zentimeter überschreiten – und hatte, wie sie es selbst lächelnd bezeichnete, „ein gebärfreudiges Becken". Sie besaß nicht die Feingliedrigkeit ihrer Mutter, sondern eher die gestandene Festigkeit ihres Vaters. Auf den wenigen vorhandenen Bildern strahlt die kleine Antonia Vitalität und Stärke aus, die sie im Laufe ihres Lebens dringend benötigten sollte. Die Kleinste war auch die begabteste und klügste Schülerin ihrer Klasse: Sie saugte alles in sich auf, ihre Wangen glühten, wenn sie Rechenaufgaben lösen durfte; auch

Tante Tonis Geburtshaus in Weyer

Aufsätze zu schreiben ging ihr leicht von der Hand, wenn sie ihre Aufgaben eiligst am Küchentisch erledigte, bevor sie der Mutter im Haushalt helfen musste. Antonia war praktisch und verfügte über einen bemerkenswerten Menschenverstand, der ihr wohl damals schon sagte, dass Bildung für Mädchen wichtig war. Den mütterlichen Rat „Sitz doch nicht immer über den Büchern, das bringt dir eh nix, mach dich besser hier nützlich!" schlug Antonia in den Wind und lernte so viel sie nur konnte, anstatt mit anderen Kindern herumzutollen.

Ein Foto zeigt Tante Toni ganz rechts vorne in der Arbeitsschule Weyer 1907. Als Kleinste der Mädchenschar ist sie leicht erkennbar. Ihre beiden Ärmchen stützt sie keck in die Taille, als würde sie gleich davonspringen wollen.

Arbeitsschule Weyer 1907, das kleinste Mädchen vorne ganz rechts ist Tante Toni

Die Ehe ihrer Eltern habe „einen ziemlichen Knacks" bekommen, als sie noch im Volksschulalter war, so beschrieb Tante Toni ihre Kindheit in ihrer 1990 verfassten Lebenserinnerung kurz vor ihrem Tod. „Das war für mich der Anfang vom Ende."

Bei den Zwistigkeiten ging es meist ums Geld. Es herrschte große Armut und der Friseurladen des Vaters warf für die junge Familie nicht genug ab. Die Mutter arbeitete Tag und Nacht als Schneiderin für „feine Damen". „Es war nicht die ‚gute, alte Zeit', diese Kaiserzeit", schrieb Tante Toni weiter, „der Kaiser, der hatte keinen Schimmer, was in seinem Reich los war", und er sei ein „bisserl vertrottelt" gewesen. Die sozialen Probleme waren enorm und bei einer durchschnittlichen Wochenarbeitszeit von sechzig Stunden war kein Platz für Liebe und Geborgenheit, es ging ums pure Überleben. Die Naturidylle des schönen Fleckens Weyer stand in völligem Gegensatz zu den materiellen Entbehrungen und den Härten des Alltags. Noch dazu lag politische Unsicherheit in der Luft.

Mein Großvater und seine Schwester Antonia, vermutlich 1904

Streitereien waren an der Tagesordnung, die Entzweiung der Eltern schien unvermeidlich. „Spielen und Nichtstun gab es für mich nicht – schon früh musste ich arbeiten, was halt ein kleines Mädchen helfen konnte, und das Geld wanderte schnurstracks in Muttis Sackl."

1912, nach einer besonders heftigen Auseinandersetzung, packte die Mutter hastig die wenigen Habseligkeiten, fasste die beiden Kinder an der Hand und floh schließlich teils im Postbus, teils auf abenteuerlichen Wegen zu Fuß an den einzig möglichen Zufluchtsort, den sie fand, nämlich zu ihrer Mutter und ihrer jüngeren Schwester Mizzi nach St. Florian bei Linz. „Mit den zwei Gschroppen kommst du daher?! Wo ist deine Nähmaschine? Die hättest mitbringen sollen!", wurde sie lieblos empfangen.

Voller Scham darüber, nun zu dritt in einem kleinen Kämmerchen hausen zu müssen, und behaftet mit der unsäglichen Schande, als Ehefrau versagt zu haben, begann Tonis Mutter wieder von vorne. Das Scheitern der Ehe wurde der Frau angelastet und sie musste sich gezwungenermaßen dem strengen

Regime ihrer eigenen Mutter fügen. Verständnis füreinander oder gar Frauensolidarität gab es damals nicht.

Die Nähmaschine kam ein paar Wochen danach ins Haus, wie, das wusste Tante Toni nicht mehr. Es war eine gebrauchte Singer mit dem abblätternden goldenen Namenszug am schwarzen Gehäuse. Die Mutter trat den ganzen Tag flink das Rad und nähte bis spät in die Nacht hinein, um die Familie über Wasser zu halten.

Mein Großvater und Antonia erfuhren ein hartes Leben, ohne Liebe und Geborgenheit. „Alles war falsch, was Mutti sagte, nur das, was die Großmutter sagte, galt. Und ich war noch nie in einer so großen Stadt gewesen!", schrieb Tante Toni später. Von Weyer mit seinen knapp tausend Einwohnern nach St. Florian mit der vierfachen Bevölkerungszahl war bereits eine große Veränderung. Aber Linz, das Tante Mizzi ihnen zeigte, mit einer Bevölkerung von 60 000, das war ein Riesensprung! Zum ersten Mal sah Tante Toni eine durch die Stadt fahrende eingleisige Lokalbahn, sie bewunderte fast ungläubig den

Auf diesem Foto zeigt sich auf dem Gesicht von Antonias Mutter (ganz rechts) der Hauch eines Lächelns. Sie sitzt neben ihrer Schwester (ganz links); dahinter stehen die beiden Kinder, mein Großvater Karl und Tante Toni. Das Foto wurde 1915, eineinhalb Jahre vor dem frühen Tod der Mutter, aufgenommen.

Schaufelraddampfer „Schönbrunn", der auf der Donau nach Wien und Budapest fuhr und der kurz danach als Lazarett für die Verwundeten des Ersten Weltkriegs dienen sollte. Tante Toni bewahrte sich ihr Leben lang eine Begeisterung für die Donaudampfschifffahrt und nahm uns später oft auf kleine Ausflugsfahrten mit.

Die jahrelang ertragene Schmach muss Tonis Mutter unendlich entkräftet und zermürbt haben. Ob die Eltern wirklich offiziell geschieden wurden, ist nicht ganz klar. Das Wort „Scheidung" geht lediglich aus einem einzigen Dokument hervor. Die sogenannte „Auflösung" der ersten Ehe musste in den Wirren des Ersten Weltkriegs in gegenseitigem Einverständnis und ohne legale Mittel erfolgt sein, denn bis 1938 galt in Österreich die Unscheidbarkeit der Ehe für Katholiken.

Tante Toni berichtete uns Mädchen als Einzige von ihren Erlebnissen, den Ängsten und der Verzweiflung in der Wirtschaftskrise und den beiden Weltkriegen. Dies war damals innerhalb der Familien, und sogar in den Schulen noch ein Tabuthema. Tante Toni analysierte auf unsere Fragen hin, dass „perfekte Unfähigkeit, groteske Fehleinschätzungen und bodenloser Leichtsinn der allermeisten Politiker und Militärs zum Ersten Weltkrieg geführt" hätten. „Der Kaiser war ja damals schon meschugge." Zu Beginn des Krieges sei die Euphorie groß gewesen. Blumengeschmückte Züge mit Soldaten fuhren untermalt von Marschmusik Richtung Serbien, Belgien und Frankreich. Ganze Bubenschulklassen meldeten sich im August 1914 mit ihren Lehrern freiwillig zum Kriegsdienst; darunter befand sich übrigens auch mein Großvater. Ein solcher Kriegsrausch erschien mir vollkommen unvorstellbar. Alle glaubten, nach ein paar Monaten wieder heimzukehren. Mithilfe von gezielter Propaganda war es gelungen, den Krieg als harmlosen Spaziergang, das Kämpfen als ehrenwerte Geste darzustellen.

Mein Großvater 1916 in Soldatenuniform

Es herrschte buchstäblich Jubelstimmung: der winkende Kaiser, fesche „Madln" und der Zauber der schicken Uniformen taten ein Übriges. „Die flotten jungen Burschen waren regelrecht aus dem Häuschen und völlig euphorisch", erinnerte sich Tante Toni, „doch Tausende kamen nie mehr wieder heim."

Knapp fünfzehnjährig meldete sich also auch mein Großvater freiwillig. Sicherlich flüchtete er, wie so manch anderer auch, vor dem tristen Zuhause und der Familiensituation. Vaterlandsliebe war der Grund, den mein Großvater nannte, aber war es möglich, dass Tausende junge Menschen diesem blinden Patriotismus verfielen? Wie konnten diese Jugendlichen mit solcher Begeisterung gedankenlos in die offensichtliche Vernichtung ziehen?

Mein Großvater geriet ziemlich rasch mit der Kaiserlichen Armee an den Isonzo im heutigen Slowenien, in das von den österreichischen und den italienischen Soldaten heiß umkämpfte Gebiet um Caporetto. Die verfeindeten Seiten lieferten einander erbitterte Kämpfe, doch Siege gelangen in den ersten elf Schlachten auf keiner Seite. Die Kämpfe in der gebirgigen Gegend forderten das Äußerste von den Soldaten. Unter Lebensgefahr und unvorstellbaren Mühen in den Fels gehauene Stollen, die als Verstecke dienten, wurden von den gegnerischen Soldaten gesprengt, etliche Lawinenabgänge erschwerten die Gefechte und forderten zahlreiche Todesopfer. „Man behandelte die Menschen damals wie Steine", sagte mein Großvater einmal.

Bei der zwölften und letzten Isonzoschlacht bohrten sich im Oktober 1917 zahlreiche Granatsplitter in den rechten Unterschenkel meines damals siebzehnjährigen Großvaters, eine Tragödie, der nach zahlreichen schmerzhaften Eingriffen schließlich die Amputation seines Beines oberhalb des Knies folgte. Er, der wie so viele andere „Feschaks" lebensfroh als junger Bursche gesungen und gepfiffen hatte, war danach für immer desillusioniert und verstummt. „Im Krieg bleibt niemand und nichts unberührt", schrieb mir Tante Toni in einem Brief, in dem ich sie um ihre Erinnerungen an diese düstere Zeit bat. Immer wollte ich verstehen, was damals wirklich in den Herzen aller passiert war, aber bis heute ist es mir unbegreiflich.

Spuren des Kriegsschauplatzes sind immer noch sichtbar. Ich wollte diese heute so friedlich anmutende Gegend sehen, wo so viele junge Männer ihr Leben gelassen hatten und mein eigener Großvater invalid geschossen wurde. Einige der Bunker und Versorgungsschächte im Fels sind noch erhalten und zeugen von dieser unmenschlichen Zeit. Immer wieder kann man bei Besichtigungen der ehemaligen Kampfzonen auf Stacheldraht, Bajonette, verrostete Gürtelschnallen und sogar Knochen stoßen. Das war selbst nahezu hundert Jahre später noch ergreifend.

In den Kriegsjahren breiteten sich wegen der katastrophalen wirtschaftlichen und politischen Lage Tuberkulose und Lungenleiden rasant in Oberösterreich aus, die Versorgung der Kranken und Kriegsverletzten war vollkommen unzulänglich. Lazarettzüge brachten regelmäßig Tausende von Verwundeten oder kranke Soldaten von der Front nach Linz, wo sie in erbärmlichen Kriegsspitälern untergebracht wurden. „Was ist ein Lazarett?", wollte ich als Kind wissen und Tante Toni beantwortete wie immer meine Fragen. „Das kommt vom heiligen Lazarus, den Jesus von den Toten erweckt hat."

Tante Toni machte sich um ihren Bruder, von dem kaum Nachrichten nach Hause durchdrangen, große Sorgen. Aber ihre Angst betraf zunehmend auch den sich täglich verschlechternden Gesundheitszustand ihrer Mutter. Die sanitären Umstände dieser Zeit waren unvorstellbar prekär. 1915 starb Antonias Großmutter an Altersschwäche. Am 4. Februar 1917 starb die Mutter im Alter von nur siebenunddreißig Jahren infolge von Unterernährung und Erschöpfung an Lungentuberkulose. Antonia blieb mit der Tante allein zurück. Ihr großer Bruder lag in einem Notlazarett nahe der Kampfzone.

Im folgenden Jahr sollte zwar der Krieg enden, aber nicht die Not und eine neue Pein sollte über ganz Europa hereinbrechen: die Spanische Grippe. Diese wütete zwei Jahre lang in unvorstellbarer Heftigkeit. Sie löschte das Leben von mehr als fünfzig Millionen Menschen auf der ganzen Welt aus, vernichtete also noch mehr Menschen als der grauenhafte Erste Weltkrieg. Scheinbar wahllos fielen viele der Überlebenden des Krieges der Pandemie zum Opfer, hauptsächlich junge Menschen zwischen zwanzig und vierzig Jahren. Anscheinend waren die Älteren dank früherer Epidemien immun gegen das Virus. „Das Leid war unvorstellbar, wie die Fliegen sind sie weggestorben", erzählte Tante Toni.

Mein Großvater kehrte 1918 mit einem Verwundetentransport nach Linz heim und so kümmerte sich Antonia zu allererst um ihn. Sie umarmten sich lange, weinten stille Tränen und waren gezwungenermaßen von Kindern zu Erwachsenen geworden, ohne allerdings jemals jugendlichen Übermut erlebt zu haben.

Tante Toni sprach von ihrem Vater stets voller Liebe, die Erinnerungen an ihre Mutter waren von den Worten „gestreng, ordentlich und unerbittlich" begleitet. Es mangelte wohl den weiblichen Familienmitgliedern der Hurchs allesamt an liebevollen Gefühlsbezeugungen. Erst später tauchte eine gewisse Wärme in Tante Tonis Erzählungen über ihre Eltern auf. Die Zeiten waren damals so unvorstellbar roh gewesen und diese Härte hatte die Herzen der Menschen wohl in blutdurchströmte Pflastersteine verwandelt.

Die Lebensumstände im Haus der strengen Großmutter und das konfliktgeladene Zusammenleben mit ihrer Tante Mizzi veranlassten Antonia nach dem Tod ihrer Mutter dazu, sich Hals über Kopf in die Arbeitswelt zu stürzen. „Ich schimpfe ja nicht wirklich, schließlich verdanke ich der Tante Mizzi meinen Einstieg in die Fima Herber", sagte Tante Toni einmal. „Nach den drei Klassen Bürgerschule konnte ich noch einen Schnellsiederkurs absolvieren, mit einem Abgangszeugnis ‚vorzüglich'. Mit dieser Beurteilung kam ich zu Herber. Ich hatte ein gutes Gedächtnis, konnte mich immer wieder an alles erinnern – so ging es schnell aufwärts", lauteten Tante Tonis Worte.

Die überaus begabte Antonia war gezwungen gewesen, die Schule zu verlassen, um Geld zu verdienen. Im Eiltempo hatte sie noch einen hervorragenden Abschluss sowie einige zusätzliche Diplome in Stenografie, Rechnungswesen, Buchhaltung und Maschineschreiben erwerben können, bevor sie in der Spedition Herber in Linz anfing. Als sie mit gerade sechzehn Jahren, mitten in den Wirren des Ersten Weltkriegs, ihren Berufseinstieg fand, hätte sie niemals gedacht, dass sie über vierzig Jahre lang dort angestellt bleiben würde. 1987 schrieb sie an meine Schwester: „Ich denke an meine Schulzeit sehr gerne zurück und an die Worte meines Bruders: ‚Sitzt du schon wieder bei den Büchern? Wirst es auch nicht weiterbringen' – aber ich habe es doch geschafft!"

Obwohl Tante Toni eine sehr bodenständige junge Frau war, bemerke ich auf Bildern aus dieser Zeit eine gewisse Melancholie. „Was ist Melancholie?", hatte ich Tante Toni einmal gefragt, ich muss sieben Jahre alt gewesen sein, und sie seufzte: „Eine schwere, dunkle Wolke oberhalb deines Kopfes, die dich beinahe erdrückt", war ihre Antwort.

Tante Toni wusste, dass sie arbeiten konnte und wollte. Auf sie war Verlass – man konnte auf ihre Beständigkeit und Zähigkeit zählen. Sie wollte für ihr Können geliebt werden – nicht für ihr Äußeres oder ihren Besitz. So erlernte sie alles, was ihr angeboten wurde, war darin immer die Beste und haderte nicht mit dem Schicksal, das ihr jugendliche Unbekümmertheit und den geheimen Traum eines Studiums versagt hatte.

Sie wusste, wenn sie als Frau allein durchkommen wollte, musste sie funktionieren und durfte sich keinerlei Sehnsüchten und Wunschdenken hingeben.

Der Vater, nun Witwer, verehelichte sich sechs Jahre nach dem Tod seiner Frau nochmals. Tante Toni und mein Großvater hatten mit ihrem Vater losen Kontakt gehalten, der sich nach dem Tod der Mutter aber wieder intensiviert hatte. Aus der zweiten Ehe ging eine Halbschwester namens Hilde hervor, die 1926 geboren wurde. Eine weitere Halbschwester starb zwei Jahre darauf kurz nach der Geburt. Der Vater starb 1941. Ab den Fünfzigerjahren besuchten sie gelegentlich die Halbschwester in Eisenerz, wo diese verheiratet, aber kinderlos lebte. Hilde hatte von ihrem Vater das Friseurhandwerk erlernt und nach dem Krieg den Salon übernommen.

Tonis Halbschwester Hilde, 1947

Mit zunehmendem Alter intensivierte sich der Briefverkehr zwischen Tante Toni und ihrer über zwanzig Jahre jüngeren Halbschwester. Die Geschwister suchten wohl die in den Kriegswirren abhandengekommene Zuneigung und einen Familienzusammenhalt, etwas, was beiden in ihrer Kindheit versagt geblieben war. Von Hilde haben weder mein Großvater noch Tante Toni mir gegenüber je etwas erwähnt. Es war, als ob diese Halbschwester zu einer vergangenen Epoche, einem anderen Leben gehört hätte.

… ist alles ein Schwindel

„OHNE FLEISS KEIN PREIS"
Die Lehrjahre

„Bildung ist, was übrig bleibt, wenn der letzte Schilling weg ist", pflegte meine Großtante oft zu sagen und wusste sehr genau, wovon sie sprach! Antonia war klug, geschickt, ungemein belastbar und verfügte über ein bemerkenswertes Gedächtnis. Wie gerne hätte sie die höhere Mädchenschule abgeschlossen und – wer weiß – vielleicht sogar Wirtschaft oder Jus studiert. Das Jus-Studium war Frauen in Österreich bis 1919 verwehrt, sie durften nur hospitieren, aber keine Prüfungen ablegen, da ihnen „abstraktes Denken" abgesprochen wurde. Zeit ihres Lebens bestärkte Tante Toni uns Mädchen, eine gute Schulausbildung abzuschließen und unser Bestes zu geben. Wir sollten richtige Berufe erlernen und uns stets weiterbilden. „Und Rechnen ist ganz wichtig." Wenn wir miteinander spazieren gingen, ließ sie mich ununterbrochen Kopfrechnungen üben und lächelte, wenn ich mit der Zeit wie aus der Pistole geschossen die richtige Antwort parat hatte.

Die Firma Herber nahm das junge Mädchen bereitwillig auf und wies ihr anfangs verschiedenste Aufgaben zu. Da sie die Arbeiten so ungewöhnlich rasch und qualifiziert erledigte, wurde sie schnell zum „Mädchen für alles". „Jede Frage, jedes Anliegen wurde zuerst bei mir vorgebracht." Von der wichtigen Stellung der Disponentin, die sie bei der Firma Herber innehatte, zeugen zahlreiche Briefe und Urkunden. Als Disponentin teilte Tante Toni die Touren der Speditionsfahrzeugflotten ein und überwachte deren Erledigungen.

Gleichzeitig sammelte und verwaltete sie die Informationen zur Abrechnung und Qualitätssicherung. In der Spedition Herber waren die Aufgaben von Disponenten und Planern zusammengefasst, sodass Antonia zusätzlich die Einsätze von Zeitarbeitern bei Kundenbetrieben überwachte. In einem Brief beschreibt Tante Toni die Stimmung damals im Büro: „Als ich in die Firma eintrat, war kein leeres Zettelchen da, nein, das kostete viel zu viel. ‚Schneiden Sie die Kuverts auseinander, davon haben wir eh genug', hieß es. Die beiden Firmeninhaber trugen oftmals Machtkämpfe aus und es gab allerhand Zwistigkeiten im ersten Stock, wo ich arbeitete. ‚Gehen Sie nicht immer aufs Klo', sagte Frau Sperrer zu mir, wenn ich den Streitereien aus dem Weg gehen wollte. Ich hatte viel durchzumachen."

Tante Toni schien im ersten Jahr ihrer Berufstätigkeit unter dem Verhalten vieler psychisch kriegsgeschädigter Menschen um sie herum sehr gelitten zu haben. Das traf sie umso mehr, da sie ja nach dem Tod ihrer Mutter ganz allein und auf sich gestellt war, ihr Bruder war im Krieg und kam erst Ende 1918 wieder nach Linz zurück.

Trotz aller Angst und Gefahren ging Tante Toni die ersten beiden Jahre von Montag bis Samstag täglich zu Fuß in die Firma und fehlte nie.

„Inzwischen ging der Erste Weltkrieg zu Ende. Ich erinnere mich noch genau, wie Leute die Geschäfte plünderten. Ich musste daher immer bis zwölf Uhr im Geschäft warten, obwohl kein Mensch anrief. Um zwölf rannte ich in die Stadt, und als ich auf dem Taubenmarkt ankam, knallten die Bomben. Ich schaute, dass ich noch auf die Promenade kam, wo Tante Mizzi wohnte."

Welch unbeschreiblichen Mut und Überlebenswillen zeigte das junge Mädchen in diesen kanonenschwarzen Jahren. „Das Schicksal kommt rein ohne anzuklopfen", war einer der Sprüche Tante Tonis, die ihr wohl beim Überleben geholfen haben.

Zu den schwierigen Arbeitsbedingungen inmitten des Kriegschaos kam auch noch das miserable soziale Umfeld. „Ich habe bis weit über die Grenzen der Belastbarkeit gearbeitet", erwähnte Antonia in mehreren Briefen aus den Siebzigerjahren. Einzig der Sonntag war frei, ansonsten wurde die ganze Woche von frühmorgens bis spätabends geschuftet. Erst 1919 wurden der Acht-Stunden-Tag und die Achtundvierzig-Stunden-Wochenarbeitszeit gesetzlich verankert.

Gezwungenermaßen wohnte Tante Toni nach dem frühen Tod ihrer Mutter weiterhin bei Tante Mizzi, versuchte aber rasch ein eigenes, wenn auch sehr bescheidenes Plätzchen zu finden. Schließlich mietete sie ein winziges ungeheiztes Zimmerchen im Erdgeschoss eines benachbarten Wohnhauses, um endlich ein wenig Unabhängigkeit zu erlangen. Sie stellte keinerlei Ansprüche, sehnte sich lediglich nach ihren ersten eigenen vier Wänden: „Ich hatte anfangs nichts als ein schmales Bett, einen Koffer und einen Gasbrenner."

Der Erste Weltkrieg hatte die Situation für die weibliche Bevölkerung grundlegend verändert. Wegen der kriegsbedingten Abwesenheit der Männer traten viele Frauen ins Berufsleben ein, ihre Arbeitsleistung wurde für die Aufrechterhaltung der Wirtschaft unentbehrlich. Antonia, die ihre Mutter so furchtbar hatte schuften sehen, verfolgte nun hoffnungsvoll, wie 1918 in Österreich als einem der ersten Länder das Frauenwahlrecht eingeführt wurde. Wie stolz war sie, als am 18. Mai 1919 die erste demokratische Gemeinderatswahl in Linz unter Frauenbeteiligung stattfand. Noch war sie selbst für eine Abstimmung zu jung, da das Wahlrecht erst ab dem zwanzigsten Lebensjahr eingeräumt wurde, aber sie war mit Herz und Seele bei Kundgebungen weiblicher Vorreiterinnen dabei. „Ich hab mich so gefreut", sagte sie, „dass wir jetzt endlich nach unserer Meinung gefragt wurden."

Obwohl Frauen ab 1919 auch das passive Wahlrecht zustand, schafften es insgesamt nur drei, einen Sitz im oberösterreichischen Landtag zu erlangen. Es waren dies Marie Beutlmayr, Ferdinanda Flossmann und Fanny Starhemberg. Marie Beutlmayr und Ferdinanda Flossmann wurden zu Antonias Vorbildern, vor allem, weil sie mit beiden so manches verband: Sie stammten aus ärmlichen Verhältnissen und mussten nach dem Handelsschulbesuch früh arbeiten gehen. Ferdinanda Flossmann wurde wie Tante Toni zu einer angesehenen Buchhaltungsangestellten. Und beide sollten während des nationalsozialistischen Regimes auch das Schicksal mehrfacher Verhaftungen teilen.

Tante Toni berichtete noch Jahrzehnte danach über die aufregenden Ereignisse bei der ersten Frauenwahl: „Vorerst gab es andersfarbige Kuverts extra für Frauen, um ihr Wahlverhalten zu beobachten, aber das wurde bald abgeschafft", und sie schärfte uns Mädchen ein: „Also Kinder, euer Wahlrecht müsst ihr immer wahrnehmen. Das ist ein hart erkämpftes Privileg!"

Noch bis 1918 mussten Beamtinnen unverheiratet sein oder bei ihrer Verehelichung den Beruf niederlegen. Antonia blieb aufgrund ihrer Lebenserfahrung stets eine vehemente Verfechterin der Frauenrechte, was sie später auch auf uns Mädchen übertrug. Schließlich hatte sie in ihrer Jugend am eigenen Leib erlebt, wie sehr Frauen ausgenutzt worden waren, ohne je Anerkennung, geschweige denn Gleichstellung zu erfahren.

Tante Toni interessierte sich für alles Neue, wollte immer etwas lernen und ihren männlichen Kollegen ebenbürtig, wenn nicht sogar überlegen sein. Sie begeisterte sich sehr für Erfindungen und technische Errungenschaften, ihre Wissbegierde war unerschöpflich. Am meisten faszinierte sie die Technik der neuen Schreibmaschinen. Sie, die stets gerne Briefe schrieb, hielt diese für eine unglaubliche Erleichterung im Privaten und im Büroalltag. Ihr ganzes Leben lang tippte sie jegliche Korrespondenz auf der Schreibmaschine und verwendete bis zu ihrem Tod Durchschlagpapier. Dasselbe tat sie auch bei privaten Briefen – sie blieb eben auch zu Hause eine Disponentin. Selbst im Privatleben spiegelte sich ihre Berufserfahrung wider und sie agierte immerfort wie eine professionelle höhere Büroangestellte. Zeit ihres Lebens heftete sie ihre Kontoauszüge in eine Aktenmappe ein und führte über ihre Ausgaben und Einnahmen minutiös Buch.

An ihre 1957 erworbene mattgraue Schreibmaschine der Marke „Triumph", Modell „Gabriele", erinnere ich mich noch sehr gut, ebenso wie an den Klingelton des Wagenrücklaufs. „Wieso heißt eine Schreibmaschine Gabriele?", wollte ich wissen. „Der Erfinder hat sie nach seiner Enkeltochter benannt", antwortete die allwissende Tante Toni. Sie tippte rasch und machte nahezu keine Fehler. Sie trug die Brille tief auf der Nase und schrieb flink Seite für Seite, Umschlag für Umschlag. „Wenn du mal etwas erfindest, Tante Toni, nennst du das dann auch Christa?", wollte ich wissen. Sie nickte mir lächelnd zu. Gabriele war eine praktische Kofferschreibmaschine, die nach Benutzung zugeklappt werden konnte und aus Platzmangel unter dem Bürotischchen verstaut wurde.

Tante Toni war eine zuverlässige Angestellte, aber gleichzeitig auch eine loyale Teamkollegin. Sie verfügte über einen ausgeprägten Gerechtigkeitssinn, sowohl was ihre Kollegen als auch was ihren Arbeitgeber betraf. Sie war mutig, ehrlich und solidarisch. Zeugen dieser früh erworbenen allgemeinen Achtung sind die Weihnachtsbriefe und Jubiläumsschreiben, die sie voller Stolz aufbewahrt hatte und die wir nach ihrem Tod säuberlich in einer Ledermappe eingeheftet fanden. Diese stellen heute ein historisches Dokument dar und belegen die Situation der Angestellten in den Zwanzigerjahren.

... ist alles ein Schwindel

Die „Transportgesellschaft Josef Herber" sandte am 24. Dezember 1925 folgenden Weihnachtsbrief an Antonia:

„*Fräulein A. Bukovsky, Linz a/D.*

Das Weihnachtsfest soll uns diesmal Anlass geben, Ihnen für die aufopfernde Arbeit zu danken UND erlauben uns, diesem Dank auch ein sichtbares Gepräge zu geben, indem wir Sie bitten, den derzeit vom Unterzeichneten (Josef Herber) benützten Küchenherd als unser Weihnachtsgeschenk betrachten zu wollen, dessen Lieferung allerdings erst im Feber wird erfolgen können.

Wir hoffen damit, Ihnen einen unausgesprochenen Wunsch erfüllt und damit die Feiertage etwas fröhlicher gestaltet zu haben.

Hochachtungsvoll

Josef Herber

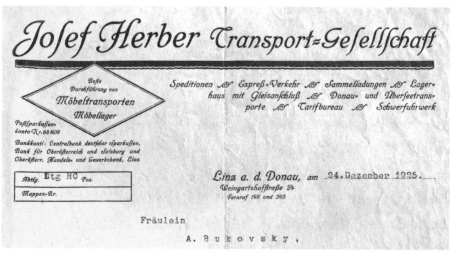

Tante Toni behielt alle Weihnachtsbriefe der Firma Herber ihr Leben lang auf

Das mit der Liebe ...

Ein Jahr später, zu Weihnachten 1926, folgte der nächste Brief, der die zunehmend schwierigere wirtschaftliche Situation in Österreich ankündigte:

> *Liebes Fräulein,*
>
> *Wiedergekehrt ist das Weihnachtsfest und wiederum blicken wir zurück auf ein Jahr harter und mühevoller Arbeit. Gar schwierig ist der Weg des Erfolges auf dem wir schreiten. Dass wir aber auf diesem Wege sind und alle Hemmnisse überwinden, ist nicht zuletzt auch Ihr Werk und Ihre unermüdliche, pflichtbewusste Arbeit. Nehmen Sie deshalb zur Weihnachtsfeier den Dank Ihrer Sie wertschätzender Chefs entgegen und wir haben uns erlaubt, den sichtbaren Teil dieses Dankes unter Zellers Christbaum zu legen.*
>
> *Unsere besten Wünsche aussprechend, zeichnen wir*
>
> *Josef Herber*

Und schließlich der Weihnachtsbrief 1927, der die Wirtschaftskrise deutlich zeigt:

> *Fräulein A. Bukowsky, Linz a/D.*
>
> *Die im zur Neige gehenden Jahre auf 14 erhöhte Zahl unserer Angestellten gestattet es uns nicht, jedem unserer Mitarbeiter ein Weihnachtsgeschenk zu präsentieren. Um aber andererseits durch Bevorzugung unserer speziellen Kräfte keine Missstimmung aufkommen zu lassen, sehen wir uns gezwungen, mit diesem bisherigen Brauch zu brechen.*

> *Um Sie jedoch einigermassen für diesen Umstand zu entschädigen, haben wir uns veranlasst gesehen, das letzte Christkind, das wir Ihnen heuer präsentieren, etwas reichhaltiger zu gestalten und hoffen damit Ihrem Geschmack entsprochen zu haben.*
>
> *Mit den besten Wünschen zu den Feiertagen verbleiben wir in Anerkennung ihrer Dienste*
>
> *hochachtungsvoll*
> *Josef Herber*

In die Zeit von Antonias früher Berufstätigkeit fielen zahlreiche Arbeiteraufstände, Streiks und Unruhen. 1920 zum Beispiel – dies behielt sie in ewiger Erinnerung – durften Zeitungen wegen Papierknappheit nur höchstens acht Seiten umfassen. Das war für Tante Toni, die so viel korrespondierte und so leidenschaftlich gerne Zeitungen las, völlig inakzeptabel.

Tante Toni wurde von den Herber-Kunden nur „das Fräulein" genannt. Im späten 19. und frühen 20. Jahrhundert hatte sich diese Anrede vor allem für berufstätige Frauen etabliert, da weibliche Berufstätigkeit damals noch strikt auf die Zeit vor der Ehe beschränkt gewesen war. Bis in die Fünfzigerjahre verfügten Ehemänner über das Recht, ihren Frauen die Erwerbstätigkeit zu untersagen. Aufgrund solcher Regelungen ist die fixe Verbindung von Erwerbstätigkeit und Ehelosigkeit für Frauen zu erklären, die in der Bezeichnung „Fräulein" für berufstätige Frauen ihren Ausdruck fand. Erst mit Beginn des Zweiten Weltkriegs kam es zu einem Umdenken, da es an Arbeitskräften mangelte und so auch weibliche Erwerbstätige akzeptiert wurden, die von da an offiziell als „Frau" angesprochen wurden. „Mich nannten sie bei Herber aber immer ‚die Toni', weil ich ja fast noch ein Kind war, als ich zu ihnen stieß."

Dank ihres Kommunikationstalents und der damit verbundenen ergiebigen Schreibtätigkeit besitze ich noch viele Briefe von Tante Toni. Oft erwähnte sie nach Beendigung ihrer Berufstätigkeit ihre siebenundvierzig Arbeitsjahre und ihr wohlverdientes Anrecht auf eine Pension. Doch finde ich, dass ihre lange Arbeitstätigkeit bei Weitem nicht in dem Maße entlohnt wurde, wie es für sie notwendig gewesen wäre.

> Die Stund' schlug einst der jungen Maid,
> In der sie mit Betriebsamkeit
> Erlernet Spedition und Lagerei,
> Möbeltransport war auch dabei.
> Bald konnte raten sie allen Leuten,
> Die als „die Kundschaft" viel bedeuten.
>
> Die Uhr mit frühem Glockenschlag
> Eröffnet jeden Arbeitstag
> Und erst zur späten Abendstund'
> Gibt sie den Feierabend kund.
> Die Uhr zeigt uns in Freud' und Not,
> Daß rastlos schaffen ihr Gebot!
>
> Es expediert das Mägdelein
> Mit vielem Fleiß tagaus, tagein,
> Ganz Linz bald die Betriebsame kennt,
> Sie einfach „Fräulein" Jeder nennt.
> Und ehe die ersten Jahre gehen zur Neige
> Spielt sie bei „Sperrer & Herber" erste Geige.

Beginn des Gedichts, das Tante Toni zu ihrem 40-jährigen Dienstjubiläum erhielt

Ihr Leben lang hatte sich Tante Toni gegen soziale Ungerechtigkeit gewehrt. Sie schrieb seit ihrem zwanzigsten Lebensjahr Leserbriefe an Politiker, an Zeitungen, später auch an den Österreichischen Rundfunk und das Fernsehen. Wenn sie mit Dingen nicht einverstanden war, scheute sie sich nicht, offene Kritik zu üben. Mehrmals schrieb sie beispielsweise an den Linzer Bürgermeister und bemängelte die geringe Anzahl von Kindergärten oder sie wandte sich an Vorsitzende von Pensionistenheimen mit Ideen, wie diese menschengerechter zu führen seien. Und da sie die Missstände in eloquenter Art bloßstellte, wurden ihre Briefe auch abgedruckt. Wann immer im „Linzer Volksblatt" oder in den „Oberösterreichischen Nachrichten" ein mit ihrem Namen unterzeichneter Leserbrief erschien, schnappte meine Großmutter beim Lesen laut nach Luft: „Jetzt hat sie schon wieder was geschrieben!", hieß es dann.

Tante Toni war, wie erwähnt, eine treue Angestellte, ließ sich aber niemals niedermachen oder schlecht behandeln. „Die Zeiten waren hart damals", erklärte sie und belegte damit das Schicksal vieler Frauen in den Zwanziger- und Dreißigerjahren. „Manchmal war ich vielleicht etwas eckig in meinem Verhalten, ich versuchte gleichzeitig Respekt und Vertrauen auszustrahlen, war aber erstens jung und zweitens eine Frau." In ihrer beschränkten Freizeit ging sie, wenn sie sich nicht mit ihrem Bruder traf, zu frauenpolitischen Veranstaltungen. Und betete, dass die Zeiten besser würden. Doch das war alles noch gar nichts verglichen mit dem, was noch folgen sollte.

„DAS MIT DER LIEBE IST ALLES EIN SCHWINDEL"
Erste Liebe

Siebenundvierzig Liebesbriefe fand ich in Tante Tonis Nachlass.

Mit gestochen schöner Handschrift begann im Oktober 1922 eine stürmische Korrespondenz, nahezu fehlerlos und ohne Zittern verfasst. Nur „seine" Perspektive ist erhalten geblieben, dennoch gelingt es, diese fünf Jahre währende Liebesgeschichte zu entschleiern. Als ich die Briefe fand, von denen niemand etwas ahnte, drückte ich sie zuerst fest an mein Herz und überlegte, ob ich überhaupt das Recht hatte, sie zu lesen. Aber war es nicht Tante Tonis Vermächtnis, das sie mir da unbewusst in die Hände gelegt hatte? Sie hätte ja ganz einfach die „Indizien" nach all den Jahren verbrennen können. Vielleicht aber war es sogar Tante Tonis Wunsch, dass wir Schwestern, nun von eigenen Lebens- und Liebeserfahrungen durchgerüttelt, auch ihre unerzählt gebliebenen Jahre aufspürten. Hatte sie die Briefe am Ende mit verschmitztem Lächeln in der Kredenz versteckt, damit wir sie nach ihrem Tod fanden?

Alle Seiten waren dicht beschrieben, wie in höchst aufgewühltem Gemütszustand verfasst, oft noch mit an den Rand gekritzelten zusätzlichen Liebesbezeugungen versehen. „Wenn das Herz voll ist, geht der Mund über", pflegte unsere Sprichwortpäpstin immer zu sagen. In diesem Falle quollen Versprechungen, plätscherten süße Worte, schwappten Zeile für Zeile Gefühle auf das geschmackvolle graublaue Briefpapier. Alle Liebesschwüre stammten von ihm: Frank Plank, einem Deutschen aus Würzburg, dreizehn Jahre älter als Toni.

Ein koloriertes Schwarz-Weiß-Bild meiner Großtante zeigt die zaghaft lächelnde, aber dennoch Stärke ausstrahlende Zwanzigjährige mit einer sanften Wellenfrisur. Wurde mit ein wenig Farbe auf dem Foto ihre düstere Welt bunter? Der Krieg war zwar endlich vorüber, aber es herrschte Hunger, Plünderungen und Unruhen prägten den chaotischen Alltag in Linz. Viele traumatisiert heimkehrende Soldaten trugen noch ein stummes Grauen in den Augen. Würden ihre gemarterten Seelen je wieder atmen können? Und doch spürte Antonia die Kraft der verbliebenen Jugend, den kampfstarken Wunsch nach einem besseren Leben. Sie strahlt auf dem Foto eine verhaltene Zuversicht aus, Sehnsucht und ein behutsames Hoffen auf Normalität.

Tante Toni 1921, handkoloriertes Schwarz-Weiß-Foto

Seit sechs Jahren schon war sie nun in der Spedition tätig, hatte dort eine sichere Position erkämpft. Die gesamte Belegschaft schätzte ihre Fähigkeiten, ihre fleißige Ruhe und den burschikos-freundlichen Umgang mit Kollegen. Sie sparte jeden Groschen und gönnte sich nichts. Zwölf bis vierzehn Stunden tägliche Arbeitszeit war die Norm. Nur am Tag des Herrn wurde geruht. Da wusch Tante Toni ihre Wäsche und flickte die abgetragenen Kleider, putzte das winzige Zimmer und führte Buch über ihre Ausgaben und geringen Ersparnisse. An schönen Tagen spazierte sie mit ihrem Bruder durch die Stadt. Die Sehnsucht nach einem selbstbestimmten und unabhängigen Leben lag in der erstickenden Nachkriegsluft.

Zu den wenigen Vergnügungen in Antonias Leben zählte es, ihren Bruder Karl hin und wieder auf einen seiner seltenen Ausflüge zu begleiten, wo er alte

Kriegskameraden und Freunde traf. Sein versehrtes Bein hing noch am Körper und er hinkte ein wenig. Wie er, waren mehr als dreieinhalb Millionen Soldaten aus dem ersten grausamen Krieg nach Österreich zurückgekehrt, innerlich und äußerlich verstümmelt. Als Kriegsheimkehrer fand Karl rasch Arbeit bei der nach dem Zusammenbruch der Donaumonarchie nun neu benannten „Staatsbahn".

Im Oktober 1922 nahm Karl seine politisch interessierte und wissbegierige jüngere Schwester mit auf eine Fahrt nach Würzburg, sozusagen als „Vorgeburtstagsgeschenk". „Dieses Mal zeig ich dir was Besonderes", sagte er aufmunternd zu seiner Schwester, „wir fahren nach Bayern."

Bahnreisen bedeuteten damals ein umständliches und strapaziöses Abenteuer. Die Züge fuhren unregelmäßig und im Schneckentempo. Die Abteile waren zum Bersten voll, es roch nach Schweiß und Körperausdünstungen und die Fahrkartenpreise waren hoch. Die beiden Geschwister konnten sich nur die vierte Wagenklasse leisten, die sie „Rindviehwaggon" nannten.

Doch Toni war ganz aufgeregt bei dieser ersten großen Reise, die kräftezehrende Fahrt störte sie nicht im Geringsten, kannte sie doch bisher nur Weyer und Linz mit Umgebung. Nein, sie schlief keine Sekunde, lauschte den Gesprächen der Mitreisenden und beobachtete die an ihr vorbeiziehenden, noch vom Krieg vernarbten Landschaften.

Endlich! Das Ausflugsziel Würzburg war erreicht. Sie wurden von Heinrich, einem Freund meines Großvaters, am Bahnhof abgeholt. Heinrich brachte seine zwei Schwestern mit, damit Antonia nicht das einzige weibliche Wesen wäre. Nach einem Erkundungsspaziergang durch die Stadt kehrten

Postkarte von Schloss Steinburg in Würzburg aus dem Jahr 1922

sie mit weiteren jungen Männern in einer Schenke ein, tranken Bier und Wein aus der Gegend, schwatzten und sangen. Dann liefen sie einen steilen Weg hinauf zur Steinburg. Von dort oben bot sich ihnen ein traumhafter Blick auf den Main und die in der Sonne glänzenden ockerfarbenen Weinberge. Sie ließen sich ihre mitgebrachten Brote schmecken und vergaßen für einen Moment die schweren Zeiten. Gemeinsam nächtigten sie in einem romantischen, aber heruntergekommenen Matratzenlager in der Nähe der historischen Burganlage.

Antonia fühlte sich durch die Gruppe der jungen Männer, die sie hier zum ersten Mal sah, eingeschüchtert, war ungewohnt verhalten und kam sich überhaupt wie „ein Mädel vom Lande" vor. Bisher hatte sie weder Zeit noch Gelegenheit gehabt, sich im Flirten zu üben oder herauszubekommen, wie sie jungen Männern gefallen konnte. Doch die beiden anderen Mädchen waren gesprächig und wirkten gewandter in dieser „illustren" Gesellschaft, sie lächelten die junge Österreicherin ermutigend an und bezogen sie freundlich in ihre Gespräche ein.

Antonia, vom Wein beseelt, blickte in die Runde. Da heftete sich ihr gegenüber plötzlich ein Augenpaar an ihren Blick. Der junge Mann schickte ein sicheres Lächeln herüber, sprang auf und setzte sich alsdann neben Antonia und ihren Bruder Karl. Sogleich verwickelte der junge Mann sie in Gespräche und schenkte Wein nach.

Die erste Liebe traf Antonia unverhofft und vollkommen unvorbereitet. Niemand hatte sich bisher für sie interessiert oder ihr eine derartige Beachtung geschenkt, noch weniger hatte ihr jemals ein Mann süße Worte ins Ohr geflüstert. Zuneigung war ihr bisher vollkommen fremd gewesen, nicht einmal in ihrer kurzen Kindheit hatte sie so starke Gefühle erfahren. Es war das allererste Mal, dass sich plötzlich jemand für sie, Antonia, interessierte, noch dazu so galant und ungehemmt.

Frank Plank war, verglichen mit Tante Toni, mit seinen 178 Zentimetern ein großer Mann, hatte braunes, über der Stirn schütteres Haar und graue Augen. Es war ein sonnig-warmer Oktobertag, Antonia war zwanzig Jahre alt, noch nie auf ein Wochenende verreist gewesen und der vierunddreißigjährige Frank Plank machte ihr vor allen anderen unverblümt den Hof.

> Würzburg, 30. Okt. 1922
>
> Toni Einziggeliebte!
>
> Vor allem meine innigsten Segenswünsche zu deinem heutigen Geburtstage, möge der nächstjährige Tag, doch für uns alle, das bringen was wir uns von ganzem Herzen wünschen, Toni gerade der heutige Tag stimmt mich traurig, ich gedenke so voll & ganz der Stunden die ich mit Euch verbringen durfte, du warst für mich eine Sonne an meinem Lebenshimmel, und wenn ich an den Abschied denke dann wird es finster am Firmament meines Lebens, ich kann dich m/ gutes liebes Mädel nicht vergessen

Erste Seite des ersten Briefes von Frank Plank, den er noch am Tag, als Tante Toni mit ihrem Bruder wieder nach Hause fuhr, an sie schrieb

So begann der erste Brief von Frank Plank, den er am Tag, als Tante Toni mit ihrem Bruder wieder nach Hause fuhr, an sie schrieb. Es war der 30. Oktober 1922, Antonias einundzwanzigster Geburtstag.

Frank beschrieb, wie er zwischen seinem Freund Karl und Antonia die Nacht in besagtem Matratzenlager verbrachte. Er habe „gezittert" und sei die ganze

Nacht wach gelegen. „Wie der Blitz" habe es bei ihm eingeschlagen, als er sie das erste Mal in der Schenke sah. Und ihre Gespräche seien „tief und anregend" gewesen, ihre österreichische Sprachfärbung „allerliebst".

Antonia nannte ihn liebevoll Franzel – oder später Franz, wenn sie böse auf ihn war. Niemals jedoch verwendete sie seinen eigentlichen Namen Frank. Er freute sich über den Kosenamen und unterschrieb ebenso mit „Franzel".

Im zweiten Brief desselben Tages feierte er im fernen Deutschland in Antonias Abwesenheit ihren einundzwanzigsten Geburtstag mit einem Frühschoppen im Café Diele, einem Mittagessen im Wirtshaus, er ging zu einem Fußballspiel und schließlich zum Abendessen im Café Hirschen. Er bedauerte, dass er sich eine Reise zu ihr finanziell nicht habe leisten können. Doch sein „Geburtstagsfest für meine geliebte Toni" schien recht abwechslungsreich verlaufen zu sein, so ganz knapp bemessen konnten seine finanziellen Mittel wohl doch nicht gewesen sein.

Antonia musste in ihrem zweiten Brief an „Franzel" ihre romantischen Gefühle für ihn eingestanden haben, denn er antwortete stante pede überschwänglich: „(...) empfange meinen innigsten Herzensdank für deine offenen Zeilen, es hat mich riesig gefreut, aus deinem Brief entnehmen zu können, dass mein kleines süßes Linzer Mädel ihr Herzerl bei mir gelassen hat." Und weiter: „Ich habe schon viele Frauen in meinem Leben kennen gelernt, aber bei keiner von allen ist die Sache so tief gelegen und hat solch gewaltige schmerzliche Erinnerungen hinterlassen. Stets muss ich an dich denken, ich denke an dich, mein Alles, in grenzenlosem Begehr. Du, Toni, und deine Liebe ersetzt mir alles."

Voller Begeisterung schlug Frank zwischen seinen überschäumenden Gefühlsbezeugungen spontan vor, dass Tante Toni doch in Passau oder Nürnberg arbeiten könnte, damit sie einander näher wären. Eine geografische Annäherung seinerseits kam allerdings nie zur Sprache.

Frank versprach in jedem Brief, in jeder seiner wöchentlichen Wortlawinen, einen baldigen Besuch, doch am 26. November 1922 meinte er: „Seit deinem Weggang ist es in Deutschland rapide abwärts gegangen, die Bahn kostet nun ab 1. 12. wieder 100% mehr, sodass ich leider kein Reisegeld hab, um nach Linz zu kommen. Die Auslagen sind horrend um die Weihnachtszeit. In heißer Liebe und über unzählige Küsse verbleibe ich, dein Franzel."

Das mit der Liebe ...

> zu, denn ich möchte damit, meiner Mutter eine Freude bereiten nicht Toni du bist mir wegen Bitte nicht böse g erfüllst meinen Wunsch. Hier ist es schon sehr kalt, doch hoffentlich bei euch noch nicht mir graut es jetzt schon vor dem Winter, denn was wird uns die nächste Zukunft bringen, ich war noch nie so traurig wie eben, woran das liegt, das weis nur ich allein, aber immer Kopf hoch, denn es gibt ja noch ein Wiedersehen, in dieser frohen Hoffnung verbleibe ich mit tausenden von Grüßen g herzinnigen Küßen in steter Liebe g Treue dein dich nievergeßender
> Franzel!
> Viele Grüße an deinen Bruder!

Bereits in seinem ersten Brief beginnt Frank Plank seine erfolgreiche Strategie, Bitten an Tante Toni um Geld oder anderes Verwertbares zwischen Liebesschwüren zu verpacken

Von Anfang an dramatisierte Frank seine finanzielle Notlage in den Briefen, berichtete verzweifelt von der zunehmenden Inflation, den täglich steigenden Preisen und seiner Einschätzung, dass die Situation in Österreich wohl besser sei. In jedem Brief bat er seine Angebetete am Ende um Briefmarken für seine Mutter und seinen Bruder. Was genau er damit tat, weiß man nicht, aber er bettelte immer wieder herzerweichend, bald auch um „sichere" österreichische Kronen. „Toni, du bist mir wegen meiner Bitte nicht böse, gell? Und erfüllst meinen Wunsch", flehte er Ende November 1922.

Ob Tante Toni damals schon den Spruch „Liebe macht blind" kannte? Das erste Mal in ihrem Leben spürte sie dieses Sehnen, ihr Herz klopfte wie wild, sie lächelte und fühlte sich in ihrem Arbeitsalltag in Linz plötzlich wundersam glücklich.

Anfangs schrieben sie sich sehr häufig, dann wurden die Abstände immer länger und einige Karten und Briefe schienen, zumindest erwähnte Frank das, auf dem Postweg in den Wirren der Zeit verloren gegangen zu sein.

Doch wer genau war Frank Plank? Geboren wurde er am 10. Dezember 1889 in St. Avold, im damals kurzfristig zu Deutschland zählenden Elsass-Lothringen. Kurz vor dem Ersten Weltkrieg zog die Familie, bestehend aus der Mutter, der älteren Schwester Maria und dem zehn Jahre älteren Bruder Adolf, nach Würzburg, über den Vater weiß man nichts Genaueres. Groß und hager sei er gewesen, graue Augen und braunes Haar habe er gehabt.

Man muss wohl versuchen, sich in diese Zeit hineinzuversetzen, um den Lauf der Ereignisse verstehen und diese Geschichte nachvollziehen zu können: Der Friedensvertrag von Versailles 1919 verpflichtete Deutschland zu kolossalen Reparationszahlungen an die Siegermächte, insbesondere an Frankreich, die in Goldmark, Devisen und Sachgütern geleistet werden mussten. In den Zwanzigerjahren kam es zu einem weltweiten Konjunktureinbruch, Löhne und Einkommen wurden drastisch entwertet. Im Oktober 1921 wies die Mark nur noch ein Hundertstel ihres Wertes von August 1914 auf, ein Jahr später gar nur mehr ein Tausendstel. Es kam zum Schrecken der Hyperinflation: Die Abwertung vervielfachte sich und sorgte für einen Zusammenbruch des deutschen Wirtschafts- und Bankensystems. Auf den Banknoten war nun „1 Milliarde" und „500 Milliarden" zu lesen. Die Arbeitslosigkeit stieg, die Löhne fielen ins Bodenlose und die Furcht vor einem Umsturz wuchs täglich.

Auch Österreich war nach dem Ersten Weltkrieg völlig verarmt. Die Preise verdoppelten sich zwischen 1914 und 1921 jedes Jahr, schließlich sogar innerhalb eines Monats. Die Lebenshaltungskosten vervielfachten sich mit erschreckender Geschwindigkeit. Antonia gab so wenig Geld wie möglich aus und sparte sich wortwörtlich das Brot vom Munde ab. Für größere Anschaffungen, so erzählte sie uns Kindern später, wurde das Geld in riesigen Körben transportiert, Männer zündeten sich ihre Zigarren mit wertlosen Geldscheinen an.

Frank gab sich vertrauenswürdig, wirkte sympathisch und verfügte über eine ausgeklügelte Überredungskunst. Seine Briefe waren charmant, übertrieben höflich, er sprach immer von der großen Liebe und hoffte auf ein „gemeinsames glückliches Leben (…), wenn alles vorbei ist".

Beharrlich beklagte „Franzel" die miserablen Zeiten und bat sein „Linzer Mädel" inständig um Unterstützung. Er sei müde vom Arbeiten und vom langen Weg zu seinem Arbeitsplatz. Er arbeitete im 30 Kilometer entfernten Schweinfurth als Handlanger in einem Hotel. Dies hieß aber auch, dass er keinerlei Ausbildung genossen hatte und nicht wie Tante Toni den politisch und wirtschaftlich bedingten Mangel an Schulabschlüssen mit eifrigen Kursbesuchen wettgemacht hatte. Die Anreise zu seinem Arbeitsplatz betrug zwei Stunden. Er berichtete leidenschaftlich über sich selbst und sein hartes Leben. Er arbeite „acht Stunden pro Tag", eine Aussage, die Tante Toni eigentlich zu denken hätte geben müssen, denn ihre Stunden im Büro überschritten seine Arbeitszeit bei Weitem.

Es fällt auf, dass er sich niemals nach Tante Tonis Arbeit oder ihrem Wohlbefinden erkundigte auch keinerlei Fragen stellte, die sie betrafen. Neben den Liebesworten und den Bitten um finanzielle Hilfe blieb sein Hauptthema nur er selbst. Tante Toni muss von der Tatsache, dass ein reifer Mann sich für sie interessierte und sie in ihm solche Gefühlswogen auslöste, vollkommen verblendet gewesen sein.

In jedem Brief wiederholte er, dass die Lage in Österreich ja vergleichsweise günstiger sei: „Ich verfolge auch lebhaft den Kurs Eurer Krone und dass es bei Euch bei den Preisen abwärts geht, aber bei Euch ist trotzdem alles besser."

In den ersten intensiven Monaten ihres Briefwechsels pries Franzel wohl Antonias Qualitäten, so schrieb er am 17. Dezember 1922: „Eins freut mich Toni, solide bist Du und fleißig, dasselbe ist aber auch bei mir der Fall."

Tante Toni muss ihm in ihren Briefen wohl gelegentlich auch Paroli geboten haben, denn am 30. Dezember 1922 schreibt er: „Ich schreibe sogleich, sonst hat mein Liebling wieder Grund zum Schimpfen, und ich wünsche, dass mein Mädel das neue Jahr nicht gleich mit Räsonieren anfangen soll."

Einige der 47 Briefe, die Frank Plank zwischen 1922 und 1926 an Tante Toni geschickt hatte

Tante Toni muss manchmal doch in ihrem Innersten gespürt haben, dass irgendwas nicht stimmte, und sein dauerndes Gejammer muss ihr manchmal auch auf die Nerven gefallen sein. Ferne Liebe erlaubt zwar Träume und Hoffnungen, seien sie auch noch so unrealistisch aufrechtzuerhalten, aber Frank Planks übertriebenes Pathos verstörte auch.

Doch Verliebtheit bedeutet den Totalzusammenbruch des inneren Warnsystems. Jeder Mensch, der das erste Mal verliebt ist, schlittert in diesen realitätsfremden Zustand, logische Kriterien gelten in diesem Moment nicht mehr.

Auf Franks Bitte hin schickte Antonia ihm Anfang 1923 das kolorierte Foto, das kurz vor ihrem ersten Treffen entstanden war. Er kündigte an, auch von sich Fotos machen lassen zu wollen, um sie ihr demnächst zukommen zu lassen, doch geschah das innerhalb des fünfjährigen Briefwechsels nie. Er bedankte sich für ihr „reizendes Bild, es hat mir wirklich riesige Freude bereitet, keine größere hättest du mir machen können". Verliebt und großzügig legte sie auch jedem Brief die gewünschten Briefmarken und mühsam abgesparten Kronen bei.

Frank kannte keinerlei Scham und bettelte stets wieder für seine Mutter, seine Schwester oder sogar für seinen Schwager um Geld: „Für meinen Schwager bräuchte ich noch folgende Werte: 50 Kronen, 75 Kronen, 150 Kronen, 600 Kronen und noch 2000 Kronen, falls es dir, meine Liebste, keine große Mühe macht." Was ging wohl in Tante Tonis Innerem vor, wenn sie das las, sie, die Praktische, die Geradlinige, die immer ihr eigenes Geld verdient hatte?

Während dieser jahrelangen Fernbeziehung sahen sie einander nur ein einziges Mal wieder. An kühnen Ideen und Plänen mangelte es nicht, aber ständig wurden diese aus verschiedensten Gründen verworfen. In einem stürmischen Brief bat Frank Antonia glühend um ein Treffen, doch plötzlich verschob er es wieder. Scheinbar traurig und geknickt hatte Frank mitgeteilt, dass er sich keine Fahrkarte leisten könne und aufgrund seiner Arbeit zu erschöpft sei für eine so lange Zugfahrt. So entschied Tante Toni schließlich im März 1923, die beschwerliche und für eine alleinstehende Frau auch gefährliche Reise zu ihm auf sich zu nehmen. Die Abfahrt verzögerte sich zwar, aber schließlich trat sie am 1. Mai 1923 wiederum im „Rindviehwagon" die Reise an. Sie stieg um 8.30 Uhr morgens in Linz ein, fuhr mehrere Stunden weiter nach Passau und weitere sechs Stunden bis Regensburg. Von dort dauerte es wegen vieler Unterbrechungen noch mehr als acht Stunden bis nach Würzburg.

Wie war dieses so lange und heiß ersehnte Treffen schließlich verlaufen? In Franks Nachricht kurz nach Antonias Rückfahrt meinte er am 6. Mai 1923: „Grüß Gott, mein Schatzi, hoffentlich bist du wohlauf in deinem lieben Linz angelangt (...) gerne hätte ich mein herziges Popopschi länger bei mir gehabt." Und wie immer endete der Brief mit Geldgeschichten: „Nur noch eines, ich habe von dir mein Liebling noch einige tausend Mark eingesteckt und ganz vergessen sie dir wieder zurückzugeben, ich werde dir bald etwas zusenden." Doch in keinem einzigen weiteren Brief war davon wieder die Rede. Das muss dann selbst Tante Toni seltsam vorgekommen sein, denn sie schrieb längere Zeit nicht zurück.

Ein weiterer, ruheloser und nervöser Brief von Frank folgte am 16. Mai 1923: „Meine heißgeliebte einzige Toni! Ein Schrei aus gequältem Herzen dringt zu dir, mein einziges Mädel (...)" Sie aber antwortete nicht. Was ging wohl in Tante Toni vor, als sie spürte, dass etwas nicht so war, wie sie es sich erhofft hatte? Dass das Treffen nicht gehalten hatte, was sie sich davon versprochen hatte, wonach sie sich doch so sehr gesehnt hatte? Heute denke ich, meine Großtante war wohl bei diesem ersten Besuch von Franks ungestümem und widersprüchlichem Verhalten irritiert und tief im Innersten muss sie gespürt haben, dass er ein Nichtsnutz und Hallodri war. An einer verborgenen Stelle ihres Herzens hatte sie es sicherlich schon vorher geahnt. Aber das Sehnen fühlte sich so wunderbar an.

Fast wöchentliche Briefe von Frank folgten, immer wilder und hitziger beschrieb er seine Gefühle. Er bemühte sich unendlich, Antonia umzustimmen. Sie aber beantwortete seine beinah täglich eintreffende Post vorerst nicht.

Oftmals sprach er sie als „mein süßes Linzer Mädel" an, wogegen Tante Toni, als sie nach zwei Monaten doch zurückschrieb, anscheinend härtere Worte gebrauchte. So vermerkte Frank, sie solle „nicht mehr fauchen und zurechtweisen müssen". Also hatte ihr Bauchgefühl wohl begonnen, am Herzen zu nagen.

Toni erwog trotz mancher Gefühlsschwankungen die Möglichkeit, sich Anfang Juli 1923 nochmals auf den Weg nach Würzburg zu machen, vielleicht um persönlich die Beziehung zu klären. Frank, so schrieb er, war „überschäumend" vor Glück. Toni kündigte an, mit ihrem Bruder zu kommen, doch begab sie sich letztendlich allein und früher als geplant am 30. Juni 1923 auf die beschwerliche Fahrt zu Frank. Es muss für eine junge Frau inmitten der sozialen und wirtschaftlichen Tumulte der Zwanzigerjahre eine entsetzliche Reise gewesen sein.

Als Antonia schließlich erschöpft und müde in Würzburg eintraf, informierte sie Franks erstaunte Zimmerfrau, dass „der Herr Plank" gar nicht da war.

Er sei nach München gefahren, um sich seine Fahrkarte für die Ausreise in die USA zu besorgen und alle administrativen Angelegenheiten zu erledigen. So trat Toni, die von all dem keinerlei Ahnung gehabt hatte, unendlich enttäuscht und sicher auch mit einem aufkeimenden Groll im Herzen unverzüglich die Rückreise an. Dabei wurde ihr, zu allem Übel, auch noch die Handtasche mit den wenigen Habseligkeiten entwendet – vermutlich, weil sie mit ihren Gedanken ganz woanders war. Die über diesen Besuch verwunderte Zimmerfrau informierte Frank natürlich über den Damenbesuch und die hastige Abreise der jungen Frau. Frank schrieb sofort und erklärte Antonia Folgendes: „Ich hätte dir ja gerne über meine Amerikareise geschrieben, aber ich wusste nicht bestimmt, ob ich überhaupt eine Karte zur Überfahrt bekomme. Was sollte ich dir, meine einzig Geliebte, das Herz schwer machen, wo ich noch nichts Genaues wusste?" Er versprach ihr dann, nur für kurze Zeit nach Amerika zu gehen und danach „reich zurückzukommen, um mit dir das Leben zu verbringen". Und wieder ließ Tante Toni Franzels flehende Worte wochenlang unbeantwortet. Ihre Briefe begannen ab Anfang August mit „Lieber Franz" und waren in einem wesentlich distanzierteren Ton gehalten.

Die prekäre wirtschaftliche Lage sowie die Tatsache, dass sein älterer Bruder und seine ältere Schwester bereits einige Jahre zuvor in die USA ausgewandert waren, hatten Frank ermutigt, Gleiches zu tun und ihnen nachzureisen. So hatte er sich diesen Plan im Kopf zurechtgelegt und, unterstützt von seinem Bruder, alle notwendigen Schritte in Angriff genommen. Allerdings hatte er das seit Monaten geplante Vorhaben seiner „über alles Geliebten" nicht mitgeteilt. Er wollte es ihr immer sagen, so schrieb er, doch habe ihn der Mut verlassen.

Frank Plank brach am 18. August 1923 auf dem Passagierschiff „Yorck" von Bremen aus nach New York auf. Er war vierunddreißig Jahre alt und ledig. In den nunmehr täglichen, seine Liebe zu ihr beschwörenden Briefen, die er Antonia vor dem nahenden Abreisedatum schrieb, fügte er eine Adresse an, wo er vor der Abfahrt logiere, und bat erneut um Geld, das er selbstverständlich zurückerstatten wolle. Tante Toni schickte ihm per Express eine für ihre Möglichkeiten große Summe. Er bedankte sich sogar – aber niemals war in seinen weiteren Briefen von einer tatsächlichen Rückzahlung die Rede.

Erstaunlicherweise riss die Korrespondenz zwischen den beiden auch dann nicht ab, als Frank schließlich in Cleveland, Ohio, ankam. Er schilderte Toni die Überfahrt wortreich und mit vielen aus heutiger Sicht interessanten

Beobachtungen die Überfahrt nach New York. Und er scheute sich nicht zu erzählen, dass er sich auf dem Schiff mit einer Frau angefreundet habe. „Ich habe ihr die lange Reise mit meiner Anwesenheit angenehm verkürzt", schilderte Frank großtuerisch die Bekanntschaft. Zwar verfügte der junge Mann nicht über viel Geld, aber von seinem Charme und seiner wunderbaren Ausstrahlung war er sehr überzeugt. „Es ist leicht, einen leeren Kopf hoch zu tragen", hätte die spätere Tante Toni dazu gesagt.

In Cleveland teilte sich Frank eine bescheidene Wohnung mit seinem Bruder. Dieser verschaffte ihm auch Arbeit, da er ja bereits einige Jahre zuvor mit ihrer Schwester nach Cleveland ausgewandert war. So fand er im legendären Hotel Hollenden in Cleveland eine Stelle. Zeit seines Lebens behielt er den gleichen Job – als Store Keeper. Das spektakuläre, 1885 errichtete und bereits damals mit elektrischem Licht ausgestattete Haus mit über tausend Zimmern zählte zu den luxuriösesten Hotels der Stadt, das Berühmtheiten aus allen Genres sowie Industrielle und Politiker beherbergte. So hatte etwa

Das legendäre Hotel Hollenden in Cleveland, Ohio, um 1925

Albert Einstein bei seiner ersten Amerikareise 1921 dort residiert oder auch einmal Theodore Roosevelt. Im Hotel befanden sich außerdem ein Theater sowie mehrere edle Bars und Clubs. Kristalllüster und Mahagoniausstattung zierten die Eingangshalle. Es muss wirklich ein exklusiver Ort gewesen sein, mit vielen rauschenden Festen und mondänen Veranstaltungen. Die Briefe an Antonia tröpfelten ab diesem Zeitpunkt seltener ein und beschrieben hauptsächlich das Alltagsleben in der Neuen Welt. Die harten Arbeitsbedingungen, die Schwierigkeiten beim Erlernen einer fremden Sprache, all das schilderte Frank lebhaft und vergaß niemals zu erwähnen, er sei ja nur vorübergehend hier, um als reicher Mann zurückzukehren und Antonia wieder in die Arme zu schließen. Hier wären wohl Zweifel angebracht gewesen, denn schließlich hatte sich Frank ja schon in der Heimat nicht gerade durch berufliches Vorwärtsstreben ausgezeichnet. Auch das Erlernen der englischen Sprache als Vorbereitung für seine Emigration war ihm nicht in den Sinn gekommen.

Ich kann mir also nicht vorstellen, dass Tante Toni zu diesem Zeitpunkt wirklich noch an eine gemeinsame Zukunft glaubte.

Hat Frank Plank sie wirklich geliebt? Gewiss hatte Tante Toni ihre Zweifel. So unterbrach sie die Korrespondenz immer wieder für mehrere Wochen, schrieb dann sachlich zurück, stellte Frank unliebsame Fragen. Und doch muss sie immer noch einen leisen Hoffnungsschimmer auf „mehr" in sich getragen haben. Sie hatte ihn sicher durchschaut, doch die Tatsache, dass er in der Ferne weilte und sie sich durch liebevolle Worte mit ihm verbunden glaubte, muss sie immer wieder schwanken gemacht haben. Die unsichere politische Lage, die enormen wirtschaftlichen Sorgen, soziale Unruhen – all dies ließ wohl Antonia von der romantischen Liebe träumen. Wieso sonst hätte sie ihm das Geld geschickt, um das er immer wieder höflichst und fast rührselig gebeten hat? Einfallsreich fand er stets neue Gründe: dass er beruflich in einer verzweifelten Lage sei, kaum etwas verdiene und Mutter und Schwester unterstützen müsse. In den Briefen ließ er sogar seine Mutter handschriftlich um Briefmarken bitten, die Tante Toni auch immer wieder geschickt zu haben schien; zumindest folgten einige Male schwülstige Dankesbekundungen vonseiten seiner Mutter, die nachträglich an den Briefrand gekritzelt worden waren.

Dann wurde es stiller, immer stiller. Die Zeitabstände zwischen den einzelnen Briefen betrugen nun Monate, die Inhalte bezogen sich nur noch auf die Eingliederungsschwierigkeiten und weinerlich beschwerte sich Frank, dass „das Leben gar nicht so frei und einfach ist in Amerika", wie er sich das so vorgestellt hatte.

Am 15. Mai 1927 platzte dann die Bombe. Tante Toni erhielt einen Brief von Adolf Plank, Franks Bruder. Offensichtlich hatte Antonia von Frank ewig nichts mehr gehört und schlussendlich den Bruder angeschrieben, um zu wissen, was eigentlich los war.

Cleveland, Ohio, 15.5.1927

„Wertes Fräulein Toni!

Ihren werten Brief habe ich dankend erhalten, und es hat mich wirklich gefreut, daß Sie mir Ihr Vertrauen schenkten.

... ist alles ein Schwindel

Ich will Ihnen bloß einiges über meines Bruders Braut mittheilen. Ich hatte die Frau, respektive geschiedene Frau, schon gekannt, bevor mein Bruder ins Land kam. Ich lernte sie in einer Tanzhalle kennen, denn ich bin ein leidenschaftlicher Tänzer, aber auch ein guter. Ich tanzte oft mit ihr. Eines Abends bat sie sich mich zu einem Stelldichein. Na ja, eine schöne junge Frau, ich lehnte nicht ab, und wir verabredeten uns zu einer bestimmten Stunde. Sie fragte mich, ob ich sie nicht mit auf mein Zimmer nehmen wollte. Na ja, wie es halt geht, so ging sie mit rauf, und wir tranken den hier in Amerika verbotenen Schnaps. Und – entschuldigen Sie, liebe Toni – wir wurden intim. Aber sie wollte Geld haben, das ich ihr auch gab. Jetzt wissen Sie, was für eine Frau mein lieber Bruder jetzt hat. Für Geld verkaufte sie ihren Leib. Mein Bruder und ich trafen sie einmal zufällig, und er wurde bekannt mit ihr, dann kam sie jede Woche regelmäßig für Geld, über eineinhalb Jahre lang. Aber er verliebte sich und lief ihr nach wie ein Hund, so wie sie mir es erzählte. Sie kam auch zu mir und zu Franks Freunden. Sie litt es nicht, daß Frank ihr immer nachlief. ‚Mach, dass du fortkommst', sagte sie, ‚oder ich lasse dich arresten, du son of a bitch'. Das meint in Englisch, er kommt von einer schlechten Mutter. Und er ließ nicht nach, bis sie ihn erhörte. Jetzt hat er sie. Er hat ihr ja auch Geschenke gemacht, Diamantring, Handtasche für 16 Dollar, Armband mit vier Diamanten für 150 Dollar, war als Pfandobjekt über 350 Dollar wert, und noch vieles mehr. Er wollte sich erschießen, als er sie mal bei mir antraf, da hatte er aber noch kein festes Verhältnis. Besoffen habe ich sie schon hundertmal gesehen, ganze Nächte durchgesoffen, bloß mit einem Hemd bekleidet, getanzt und noch intimere Dinge. Entschuldige, liebe Toni, wenn ich ein bisschen offen schreibe, wir sind halt alle bloß Menschen.

Also jetzt wissen Sie, liebe Toni, was für eine mein Bruder sich auserwählt hat. Wir sehen uns jede Woche drei- bis viermal, da wir doch zusammenwohnen. Ich hätte Ihnen ja nicht geschrieben, wenn ich die lieben Briefe nicht alle gelesen hätte; Frank liest sie mir vor. Ich wollte, meine frühere Frau wäre so wie Sie gewesen, mich hätte niemand trennen können. Doch noch eins, zur Ausrede sagt sie: Sie tut es bloß ihrer Mutter wegen, weil sie ihre Mutter bei sich hat, da ihr Vater auch weggelaufen ist. Also das, was ich hier schreibe, ist die reine Wahrheit, so wahr mir Gott helfe. Alles andere können Sie sich denken. Also, liebe Toni, vergessen Sie alles, und bleiben Sie ein lustiges Linzer Madl.

Grüße an Ihren Bruder Karl. Es grüßt Sie herzlich Adolf Plank.

Was ging in Tante Toni vor, als sie diese Zeilen las? Ich denke, sie hat sich über sich selbst geärgert, dass sie sich so lange hatte hinhalten lassen. Zur Scham kam sicher auch die Wut, dass sie ihre anfänglichen inneren Zweifel überhört hatte.

Selbst ich bin sprachlos. Hat Antonia Bescheid gewusst, was aus Frank geworden war? Hat sie ihm noch ein letztes Mal geschrieben oder bedeutete dieser letzte Brief das Ende einer Schimäre?

Ich versuchte die Spuren von Frank Plank nachzuverfolgen und wurde in vielen Archiven – auch jenem von Ellis Island – fündig: Franks Leben kann dank der penibel dokumentierten Immigrationspapiere,

Dieser Umschlag enthielt wohl eine der schwersten Enttäuschungen in Tante Tonis Leben: den Brief von Franks Bruder Adolf Plank im Mai 1927

die öffentlich zugänglich sind, genau nachgezeichnet werden. Und dort stieß ich auch auf ein Foto seines Bruders Adolf. Von Frank existiert leider keine einzige Aufnahme.

Kurz nach seinem letzten Brief vom Dezember 1926 verlobte er sich mit besagter geschiedenen Amerikanerin, die er aber niemals heiratete. 1941, wenige Jahre vor seinem Tod, heiratete Frank zum ersten Mal, und zwar im Alter von fünfzig Jahren. Seine Ehefrau hieß Clara Berg, war deutscher Abstammung und damals fünfundvierzig Jahre alt. Auch Tante Toni heiratete mit fünfzig Jahren, allerdings erst zehn Jahre später.

Frank Planks Bruder Adolf um 1923, von Frank ist kein Foto erhalten geblieben

Frank Plank starb am gleichen Tag wie Tante Tonis geliebter Neffe, mein „Onkel Heinzi", den sie vergeblich versucht hatte vor den Nazis zu beschützen. – Bis heute weiß ich aber nicht, ob Tante Toni das wusste. Diese zwei Männer hatte Tante Toni von Herzen geliebt und beide waren am selben Tag gestorben. Makabrer Zufall oder Hohn des Schicksals?

In Franks Sterbeakte steht auch genau, woran er starb: an Syphilis. Die kurze Ehe bis zu seinem Dahinscheiden 1945 war kinderlos geblieben. Was von ihm übrig blieb, sind die siebenundvierzig Briefe und ein paar Dokumente in den Archiven von Ellis Island, verbunden mit einem bitteren Nachgeschmack.

Tante Tonis berufliche Anerkennung und ihre finanzielle Unabhängigkeit, ihr politisches und privates Engagement in vielen Bereichen und die angeborene Widerstandskraft halfen ihr, psychisch und körperlich zu überleben.

„Das mit der Liebe ist alles ein Schwindel", so lautete einer von Tante Tonis Lieblingssprüchen. Er stammte aus einem im Jahr 1931 von Gustaf Gründgens in Berlin uraufgeführten Kabarett. Es thematisierte die Weltwirtschaftskrise, die Tante Toni ja selbst erlebt hatte, und handelte von vermeintlichen Milliardären, die in Wirklichkeit pleite und Kleinganoven waren. Jeder schummelte sich durchs Leben, so gut es eben ging. Doch der Satz „Das mit der Liebe ist alles ein Schwindel" sollte sich im Grunde durch Antonias gesamtes Leben ziehen, wie ein tragisches Leitmotiv.

Erst heute, nahezu hundert Jahre nach dem Beginn dieses Briefwechsels und dreißig Jahre nach Tante Tonis Tod, weiß ich, was sie damit meinte. Nicht nur die mangelnde Geborgenheit innerhalb ihrer Familie und die nicht vorhandene Gefühlswärme in ihrer Kindheit meinte sie damit, sondern auch den einzigen Mann, dem sie vertraut hatte, der sie schamlos hintergangen und ausgenutzt hatte.

Ich vermute, diese Erfahrung hatte sie übervorsichtig gemacht, weshalb sie keinem Mann mehr vertraute. Sie reagierte auf die Enttäuschung mit Frank genau so, wie sie auf die fehlende Liebe ihrer frühen Tage reagiert hatte: Sie stürzte sich noch mehr in die Arbeit und stärkte ihre aufrechte Haltung und ihre Standfestigkeit. Und die konnte sie in den nachfolgenden Jahren, die bereits unter den düsteren Vorzeichen des nächsten Krieges standen, gut gebrauchen.

Der folgende Liedtext aus dem besagten Kabarett von 1931 gibt die Stimmung der Zeit gut wieder.

„Alles Schwindel

Papa schwindelt,
Mama schwindelt,
tut sie bloß auf ihren Mund!
Tante Ottilie
und die Familie
und sogar der kleine Hund!
Und besieht man's aus der Nähe:
Jedes Band und jede Ehe,
jeder Kuss in dem Betriebe
und sogar die große Liebe!

... ist alles ein Schwindel

Und die ganze heutige Zeit, ja,
sogar die Ehrlichkeit!

Alles Schwindel, alles Schwindel,
überall, wohin du kuckst
und wohin du spuckst!
Alles ist heut' ein Gesindel,
jedes Girl und jeder Boy,
's wird einem schlecht dabei!
's wird ein'm schwindlig von dem Schwindel,
alles, alles, alles Schwindel,
unberufen toi, toi, toi!

Kaufmann schwindelt,
Käufer schwindelt,
mit dem höflichsten Gesicht!
Man schwebt in Ängsten,
nichts währt am längsten,
also warum soll man nicht?!
Jede freundliche Verbeugung,
jede feste Überzeugung,
Preisabbau, solide Preise,
ob zu Hause, auf der Reise!
Jeder Ausblick, wo es sei,
selbst für den, der schwindelfrei!

Das mit der Liebe ...

„NOBEL GEHT DIE WELT ZUGRUNDE"
Berufswelt und Weiterkommen

Nach dem brüsken Erwachen aus dem Albtraum mit Frank muss Tante Toni einerseits zutiefst verletzt, andererseits auch befreit gewesen sein. Sie widmete sich nun noch intensiver ihrer Arbeit. Zu einem Zeitpunkt, wo andere Familien gründeten, hatte sie jahrelang, sich steigernde Unaufrichtigkeiten und eine bodenlos enttäuschte Liebe erlebt. Tante Tonis betäubtes Herz riegelte sich nun ab und richtete sich auf andere Gefühle aus.

Nur wenige Tage, bevor sie den alles offenlegenden Brief von „Franzels" Bruder im Mai 1927 erhalten hatte, war Antonia erstmals Tante geworden. Heinzi, der erste Sohn ihres Bruders Karl wurde am 26. April 1927 geboren. Sie liebte ihren Neffen vom ersten Moment an inniglich. Ihr Bruder Karl hatte 1925 geheiratet. Gerne besuchte die frischgebackene Tante Toni die junge Familie, obwohl sie

Tante Toni mit Onkel Heinzi (links) und Eva, meiner Mutter, auf dem Schoß, circa 1930.

nie eine besondere Affinität zu ihrer Schwägerin spürte, die sie für kalt und hartherzig hielt. Tante Toni fuhr Heinzi in der wenigen Freizeit, die sie hatte, beglückt im Kinderwagen umher und plauderte dabei in beruhigendem Ton mit ihm. Im darauffolgenden Sommer, 1928, kam ein Schwesterchen hinzu, meine Mutter Eva. Tante Toni liebte beide wie ihre eigenen Kinder. Auch die beiden Kinder erwiderten diese tiefe Zuneigung, sie strahlten übers ganze Gesichtchen, sobald Tante Toni ins Zimmer trat und streckten die Ärmchen nach ihr aus. Ständig brachte sie die Kleinen zum Lachen, kitzelte die kleinen Füßchen und herzte sie. Wie wohl taten auch ihr die kindlichen Umarmungen und Küsse.

In den Jahren nach dem Ausbruch der Weltwirtschaftskrise 1927 kam es in Oberösterreich zu verschiedensten Versuchen, Frauen aus der Arbeitswelt zu verdrängen, besonders verheiratete berufstätige Frauen waren davon betroffen. So bestand sogar eine Doppelverdiener-Verordnung für Ehefrauen: Diejenigen, deren Ehemann mehr als 340 Schilling monatlich verdiente, schieden automatisch aus dem Arbeitsverhältnis aus.

Tante Toni beschloss, dass ihr so etwas nie passieren würde und kein Mann ihr jemals wieder Schmach zufügen sollte. Finanzielle Unabhängigkeit war für sie das Wichtigste angesichts der üblen Erfahrung mit Frank. Die Entbehrungen der schwierigen Zeiten und die ständige politische und wirtschaftliche Bedrohung ließen sie vorsichtiger und mutiger zugleich werden. Sie benötigte keinen Ehemann, sie wusste sehr wohl für sich selbst zu sorgen. Für die Speditionsfirma Herber blieb sie dank ihrer Erfahrung weiterhin unersetzbar. Sie führte mehrere Aufgabenbereiche gleichzeitig aus und erfüllte notfalls zusätzliche Funktionen. Und das alles scheinbar nebenbei, da sie so schnell und fleißig war, stets früh erschien und die Letzte war, die das Büro verließ – es wartete ja schließlich zu Hause niemand auf sie.

Im Februar 1929 brach eine außerordentliche Kältewelle über Linz herein, die verbunden mit einem Kohlenmangel sogar zu Schulschließungen führte. Auch die Seen des Salzkammerguts waren zugefroren und so trieben später auf der Donau über einen Monat lang Eisschollen herum. Oft, wenn wir an der Donau entlang spazierten, erinnerte sich Tante Toni an diesen eisigen Winter. „Es waren schwierige, kalte Zeiten damals, ich weiß nicht, wie wir es dennoch überstanden haben. Alles, was wir hatten, war unser Glaube daran, dass wir es irgendwie schaffen. Ich hab damals viel gelernt vom Leben."

Tante Toni liebte es zeit ihres Lebens, Radio zu hören. In den Dreißigerjahren gab es in ganz Linz bereits rund 25 000 Radiogeräte, auch die Firma Herber besaß eines. Tante Toni beobachtete mit immer unwohlerem Gefühl die schleichende Einnistung des Nationalsozialismus in ihrer Heimat. NSDAP-Redner traten nun gehäuft öffentlich in Linz auf. 1933 wurde im Radio erstmals eine Nazi-Rede gesendet. Am 1. Mai desselben Jahres kam es zu blutigen Auseinandersetzungen zwischen Nationalsozialisten und Sozialdemokraten. In Linz herrschte zu der Zeit eine „revolutionäre Stimmung", wie Tante Toni später berichtete, „und ich bekam es mit der Angst zu tun."

Die Dreißigerjahre waren politisch unruhige Zeiten, nicht nur in Linz, zahlreiche Demonstrationen und Kämpfe forderten Todesopfer. Tante Toni lebte äußerst anspruchslos, aber dank ihres eisernen Willens zur Selbstständigkeit war sie zufrieden – abgesehen von den politischen Gewitterwolken, die sie am Himmel aufziehen sah. Das Bild, wie ihre eigene Mutter samt Kindern mittellos zurück zu ihrer strengen Mutter ziehen musste, hatte sie noch vor Augen und so sparte Antonia jeden möglichen Schilling. Ihr Traum war, sich eine bescheidene Wohnung, ein eigenes kleines Zuhause leisten zu können. Sie hatte zwar noch ihren Vater in Weyer und ihren Bruder Karl. Doch der Vater hatte inzwischen längst eine neue Familie und ihr Bruder Karl wurde mitsamt den zwei Kindern von seiner Ehefrau gern gegen die Schwester abgeschirmt.

Tante Toni beobachtete den erstarkenden Nationalsozialismus mit großem Unbehagen. Zu denjenigen, die nicht an eine Verschlechterung der Situation glauben wollten, die die bittere Realität verdrängten und die der Größenwahn der NSDAP nicht beunruhigte, sagte sie oft: „Nobel geht die Welt zugrunde", und verlieh damit ihrer Skepsis Ausdruck. „Dem kleinen Mann ist der Größenwahnsinn ins Gesicht und in die schrille Stimme geschrieben", sagte sie auch über Hitler. Die Versammlungsdramaturgie, die Idealisierung der Massen und die Propagandamaterialen weckten Tante Tonis gesundes Misstrauen.

Dank ihres politischen Verständnisses und ihrer guten Beobachtungsgabe ahnte sie, dass die Zeiten noch viel schlechter würden. Sie beobachtete den „Führer" und die unzähligen stramm zum „Hitlergruß" erhobenen Arme und sie verstand nicht, was alle an diesem sonderbaren Menschen fanden. Zu den Massenkundgebungen mit „Heil Hitler!"-Geschrei ging sie nie, sie blieb im Büro und wenn sie jemand fragte, erklärte sie, sie habe noch zu tun.

Und sie sagte auch weiterhin, was sie dachte. Niemals nahm sie ein Blatt vor den Mund. Sie war ehrlich und mutig – oder war sie eher unvorsichtig? „Wie Rumpelstilzchen haben die sich aufgeführt, bei den Bücherverbrennungen ab 1933", konstatierte sie, „spätestens ab da hätte man sehen müssen, dass der Hitler ein Sonderling war, aber ein ‚rabiat-gefährlicher'."

Der Einmarsch deutscher Truppen und der „Anschluss" Österreichs an das Deutsche Reich, den Hitler am 13. März 1938 in Linz vollzog, wurden von vielen Menschen jubelnd begrüßt. Zeitgleich setzte prompt die Verfolgung von Mitbürgern aus politischen und rassischen Gründen ein. Linz, als Hauptstadt des „Heimatgaus des Führers", wurde zum Zentrum der Rüstungsindustrie und anderer ehrgeiziger Bauvorhaben.

Mit dem deutschen Überfall auf Polen am 1. September 1939 begann der Zweite Weltkrieg. „Du weißt ja, meine Prophezeiungen sind meist in Erfüllung gegangen", schrieb Tante Toni in einem Brief, „da brauch ich nur an den 1. September 1939 zurückdenken, als zwei Deutsche im Büro aufkreuzten und uns bessere Gehälter versprachen, gekommen ist allerdings nichts. Ich erinnere mich genau, als ich im Hof nach der Hitler-Rede sagte, der Hitler wird den Krieg nicht gewinnen, sondern haushoch verlieren. Da wollten sie mich gleich mitnehmen, aber nicht meines Spruches wegen, sondern weil sie schon lange eine solch tüchtige Kraft suchten für ihr Büro, und ich wäre die, die sie suchten. Es gab natürlich Gerede bei Herber, ich bin jedoch in Linz geblieben. Berlin mag ich sowieso nicht. Zum Schluss sagte einer mir noch, ich solle nicht alles gleich sagen, was ich denke, das könnt' mir leicht den Kopf kosten. Ich weiß, man konnte sich auf niemanden verlassen. Die zwei Deutschen waren aber echte und ich glaube, dass sie auch schon genug vom Hitler hatten, kein Parteiabzeichen oder sonst was konnte ich feststellen", schrieb Tante Toni weiter.

„ES GEHT ALLES VORÜBER, ES GEHT ALLES VORBEI"
Die Kriegsjahre

„Der Hitler is a ‚Wedl'", meinte unsere Großtante, die sich auch schon in den Dreißigerjahren kein Blatt vor den Mund genommen hatte. „Der ‚Wedl' hat wie ein Übergeschnappter gesprochen, das müssen die anderen doch auch bemerkt haben. Ich habe immer nur den Kopf geschüttelt und mich gewundert, ob ich blöd bin oder die anderen."

Aufgrund seiner emotionalen Verbindung zu Linz übernahm Hitler noch am selben Tag die „Patenschaft" über Linz. Für die Stadt, in der er zur Schule gegangen war, hatte er ganz Besonderes vor. Prunkbauten für Kunst und Kultur sowie repräsentative Verwaltungsbauten für die Partei und das „Führermuseum" sollten hier errichtet werden. Ausgewählte Kunstwerke wurden hierfür in den folgenden Jahren in allen eroberten Gebieten geraubt, um die geplante Gemäldegalerie fürstlich zu bestücken. Diese megalomanischen Pläne wurden aber glücklicherweise nicht umgesetzt, von der Nibelungenbrücke und den Brückenkopfgebäuden abgesehen. „Die Nazis waren ja vollkommen größenwahnsinnig damals", schrieb Tante Toni, als ich sie in unserem Briefwechsel Jahre später bat, mir zu erzählen, was sie erlebt hatte.

Linz blieb während der Kriegsjahre eine Hochburg der Nationalsozialisten, Tante Toni machte aus ihrer Abscheu gegen sie nie einen Hehl – im Gegenteil. Sie behielt stets ihren gesunden Menschverstand bei und fürchtete anfangs auch nichts und niemanden. Sie arbeitete weiterhin in der Speditionsfirma, doch langsam vollzog sich auch in ihrem Arbeitsbereich ein Wandel. Manche ihrer Kollegen waren sofort der NSDAP beigetreten, andere wurden in den Kriegsdienst eingezogen, wieder andere sonderten sich furchtsam ab, keiner traute mehr keinem. Tante Tonis Abneigung gegen Hitler manifestierte sich auch in ihrer standhaften Weigerung, den Hitlergruß zu verwenden. Ihre Haltung brachte sie deutlich und scheinbar furchtlos zur Geltung, trotzdem war ihre „Angst größer als der Hunger".

„Auf einmal war es mucksmäuschenstill im Büro, ich fragte mich, was los war." Am Mittwoch, den 13. Mai 1942, marschierten zwei Beamte der Geheimpolizei in die Spedition, fragten schroff nach Tante Toni und standen plötzlich vor ihr. „Personalien!", befahlen sie. Tante Toni zog ihren Ausweis aus der Tasche, die beiden Polizisten brüllten: „Mitkommen!", und verhafteten sie so noch vom Schreibtisch weg.

In ihrem abgetragenen Dirndl wurde Tante Toni von den zwei barschen Beamten abgeführt, vor den Augen ihrer sprachlosen Kollegen und des Firmeninhabers, Herrn Herber, selbst. Sie wehrte sich nicht und war sicher, dass sie sich nichts hatte zuschulden kommen lassen. Wie eine Schwerverbrecherin schleppte man sie zur staatlichen Kriminalpolizei.

Dort herrschte rigorose Emsigkeit. Als Erstes wurden ihre Daten aufgenommen. Ihr Bruder wurde benachrichtigt und musste schnellstmöglich bei der Polizei erscheinen, um die Angaben seiner Schwester zu bestätigen.

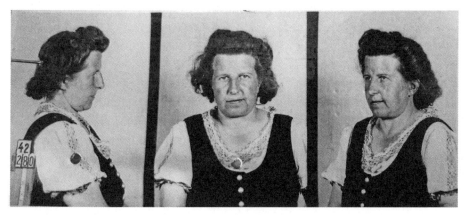

Diese Fotos wurden von der Gestapo nach Tante Tonis erster Verhaftung aufgenommen

Seine zittrige Unterschrift zeugt von seiner unbeschreiblichen Angst um sie. Sodann zerrte man Antonia vor den Fotografen und vervollständigte die Akte mit Bildern, die sie wie eine gefährliche Kriminelle darstellten. Erschöpfung und Ungewissheit waren ihr ins Gesicht geschrieben. Die Fotos, die von ihr gemacht wurden, sind schrecklich und brechen mir auch heute noch beinahe das Herz. Und dennoch verrät ein Funke in ihrem Blick ihre Überzeugung: „Ihr kriegt mich nicht. Ich kämpfe weiter."

Endlose Verhöre folgten, mit den immer gleichen Fragen. Tante Toni antwortete beharrlich immer das Gleiche. Nein, sie habe sich nichts zuschulden kommen lassen. Warum sie eigentlich hier sei, wollte sie wissen. Schließlich wurde ihr ein schwerwiegendes Verbrechen angelastet: „Vergehen gegen das Heimtückegesetz".

Der befremdliche Begriff „Heimtückegesetz" war in Österreich 1938 in Kraft getreten. Er untersagte die freie Meinungsäußerung und kriminalisierte alle kritischen Äußerungen, die angeblich „das Wohl des Reiches, das Ansehen der Reichsregierung oder der NSDAP schwer schädigten". Dessen hatte sich Tante Toni tatsächlich schuldig gemacht: Als nämlich zahlreiche Menschen auf den damals sogenannten „Adolf-Hitler-Platz" liefen, um den Führer zu bejubeln, verkündete sie, nicht hingehen zu wollen. Irgendjemand muss sie aufgrund ihrer Aussage angezeigt haben. Sie verdächtigte zeit ihres Lebens die Herber-Söhne, doch erfuhr sie nie, wer sie wirklich denunziert hatte. Dazu kam ihr oftmals verwendeter Ausdruck, Hitler sei ein „Wedl", der sie bei des Führers Getreuen mehr als verdächtig erscheinen ließ. Jede kritische Äußerung gegen die Nationalsozialisten konnte mit dem „Heimtückegesetz" verfolgt und bestraft werden. Auch „gehässige, hetzerische oder von niedriger Gesinnung zeugende Äußerungen über leitende Persönlichkeiten des Staates oder der NSDAP" wurden nach diesem Gesetz mit Gefängnisstrafen geahndet.

Tante Toni musste mit dem Schlimmsten rechnen. War es ihre Schläue, waren es ihre beharrlichen Aussagen, dass sie sich keiner Schuld bewusst war, oder war ihr irgendjemand im Hintergrund wohlgesonnen? Nach zwölf unendlich langen Tagen und Nächten im Gefängnis folgte ihre Entlassung. Sie kehrte zurück ins Büro. Alle blickten sie an, niemand wagte, etwas zu sagen, aber sie drückten ihre Hand und klopfen ihr auf die Schulter: „Gottseidank bist du wieder da, Toni!"

Aus dem Papierkrieg um Tante Tonis Identität

Voller Unruhe und noch unter Schock stehend ging Tante Toni weiter ins Büro und arbeitete, als wenn nichts gewesen wäre. Doch am 16. Juni marschierten nochmals Gestapo-Beamte ins Büro und sie wurde erneut verhaftet. Wieder wurde sie zwei Wochen lang festgehalten und wieder gelang es ihr, sich geschickt aus den Wortfesseln zu befreien. Und dieses Mal verteidigte sie auch ihr Chef, Herr Herber, gegen jegliche Vorwürfe.

Unter Anrechnung mildernder Umstände hätte Tante Tonis „Vergehen" mit Gefängnis von bis zu sechs Monaten bestraft werden können. Bei Wiederholung hätte es eine Haftstrafe von drei Jahren oder lebenslanges Zuchthaus geben können, in besonders schweren Fällen hätte auch die Todesstrafe verhängt werden können. Tante Toni hatte wohl Glück oder einen guten Schutzengel gehabt, dass sie mit zwei Wochen Gefängnis davongekommen war.

Kritik konnte schon ab 1938 nur noch innerhalb intakter Familiengefüge geäußert werden. Wenngleich auch nur ein gewisser Teil der Bevölkerung an der allgemeinen Denunziation mitwirkte, waren doch damit die vom Regime erwünschte abschreckende Wirkung und so die Sicherung des Herrschaftssystems gewährleistet. Der Mehrzahl der Angezeigten blieb ein förmliches Strafverfahren erspart und sie kamen mit Verwarnungen oder „Rede- und Aufenthaltsverbot" davon. Allerdings wurden diese Verwarnungen oder Verbote in einigen Fällen erst nach einer „Schutzhaft" von bis zu einundzwanzig Tagen bei der Gestapo ausgesprochen. Beschuldigte, die wegen eines deftigen politischen Witzes denunziert worden waren, blieben als „Ersttäter" ebenso meist von Haftstrafen verschont.

Erst 1945 wurde das absurde „Heimtückegesetz" aufgehoben.

Später erzählte Tante Toni uns Kindern, dass sie durch das Transportunternehmen gefährdete Menschen in Lastwagen an sichere Orte geschmuggelt hatte, denn „da war ja Platz" gewesen. Dass Tante Toni unter den gegebenen Umständen dazu den Mut hatte, finde ich bis heute bewunderungswürdig. Denunzianten und Gestapobeamte dagegen wurden in den ersten Jahren nach der Nazizeit oftmals gar nicht zur Rechenschaft gezogen. Die Mehrzahl der Richter und Staatsanwälte blieb straffrei.

Trotz der beiden Verhaftungen oder vielleicht sogar, weil sie diese überstanden hatte, ohne andere zu denunzieren, wurde Tante Toni bei ihrer Spedition noch mehr geschätzt und geachtet. Knapp ein Jahr nach ihrer Verhaftung erschien in der Linzer „Oberdonau-Zeitung" vom 9. Februar 1943 der Artikel „Vierfaches Jubiläum der Arbeit", in dem von einer „Ehrung der langjährigen Mitarbeiterin, der Disponentin A. Bukowsky, welche seit sechsundzwanzig Jahren in der Firma tätig ist" geschrieben wurde.

Ich löcherte Tante Toni mit Fragen über den Zweiten Weltkrieg,

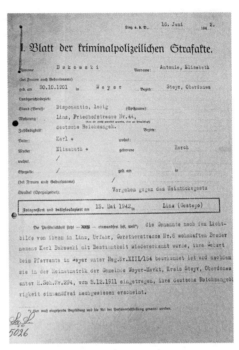

Zweite Verhaftung durch die Gestapo, Juni 1942

Artikel in der Oberdonau-Zeitung vom 6. Februar 1943 über Tante Tonis Firmenjubiläum

weil dieses Kapitel in der Schule gekonnt gemieden wurde. Bei uns endete der Geschichtsunterricht beim Ersten Weltkrieg. Tante Toni beantwortete bereitwillig meine brennenden Fragen. Ihr Blick auf die Ereignisse war ehrlich und unverstellt.

An den Hängen der Linzer Altstadt – Bauernberg, Freinberg und Schlossberg – befanden sich schon vor Kriegsbeginn große Wein- und Bierkeller. Diese weitläufigen Anlagen wurden während der Kriegsjahre zu einem riesigen Stollensystem ausgebaut und durch lange Gänge miteinander verbunden, die wichtigsten davon lagen zwischen dem Hauptbahnhof und dem Donauufer.

Tante Toni erzählte immer wieder von jenem 25. Juli 1944: Fünf Tage nach dem missglückten Attentat auf Adolf Hitler in Berlin flogen 500 amerikanische Bomber einen ersten Luftangriff auf die „Hermann-Göring-Panzerwerke", die heutige Voestalpine. Dabei wurden rund 1 600 Bomben abgeworfen, die 360 Menschen töteten und 144 teilweise schwer verletzten. Tante Toni hatte sich gerade noch in den Schlossbergstollen retten können, der mehr als 10 000 Personen aufnehmen konnte. Ein- und Ausgänge gab es bei der Altstadt, der Donaulände und beim Schlossgelände. Die Belüftung wurde durch einen schräg nach oben zur Donaulände verlaufenden Gang ermöglicht. „Dorthin sind wir gerannt, sobald die Sirenen aufheulten, man hatte nur wenige Minuten, um sich in Sicherheit zu bringen", erzählte Tante Toni. Ihr Leben lang bewahrte sie einen Zeitungsausschnitt der Ereignisse dieses Tages in ihrer Dokumentenmappe auf.

An eine weitere Geschichte von Tante Toni erinnere ich mich auch noch genau. Es hatte kurz vor Kriegsende einen Fliegeralarm gegeben. Die Bewohner von Tante Tonis Wohnhaus und der umliegenden Gebäude waren in den Stollen geeilt. Eine Nachbarin aus dem gleichen Stockwerk wollte noch ihren Schmuck retten und rannte deshalb schnell in die Wohnung zurück. Tante Toni suchte in dem Menschengewühl nach ihr, konnte sie aber nicht finden. Nach dem Bombenhagel verließ Tante Toni den Luftschutzkeller und fand die leblose Frau in den Ästen des Lindenbaums neben dem Wohnhaus hängen. „Ihr Körper war teilweise verbrannt. Den Geruch vergesse ich nie." Die Frau hatte es nicht mehr in den Stollen geschafft und war durch den Luftdruck auf den Baum gedrückt worden. Dieses Bild verfolgte mich sogar noch im Schlaf und im Traum sah ich die Ärmste auf einem Ast hängen. Alle Bäume in der Nähe von Tante Tonis Wohnhaus betrachtete ich von da an argwöhnisch. Ob es der gewesen war oder der?

Das mit der Liebe ...

In den letzten Kriegswochen im März 1945 erhielt der noch nicht achtzehnjährige Heinzi, der Bruder meiner Mutter, Tante Tonis geliebter Neffe, seinen Einzugsbefehl. Er sollte einem Kommando im Burgenland zugeteilt werden. Voller Todesangst rannte er mit dem Stellungsbrief zu Tante Toni und bat sie verzweifelt, ihn zu verstecken. Er wollte nicht in den Krieg ziehen und bei diesem Gemetzel und sinnlosen Töten mitmachen. Tante Toni sah sich in ihrem Zimmer um und befand ihren alten Eichenschrank als geeignetes Versteck für Heinzi. „Natürlich kannst du hierbleiben, ich beschütze dich", versprach sie ihm. Sie stellte ihm ein paar der raren Lebensmittel auf den Tisch und beruhigte ihn: „Bald ist es ohnehin vorbei. Das mit dem Wedl geht eh nicht mehr lange." Nach zwei Tagen, in denen sich Heinzi langsam beruhigte, wurde stürmisch an ihrer Wohnungstür geläutet. Meine Großmutter stand davor, ein sehr seltener Gast. Nie zuvor war sie zu Tante Toni in die winzige Wohnung in der Weingartshofstraße gekommen. Mit Hut und Handschuhen bekleidet zischte sie Tante Toni an: „Ist er bei dir?" – „Wen meinst du?", fragte Tante Toni. – „Du weißt genau, wen ich meine." – „Ja, er ist hier und hier bleibt er auch." Darauf schob meine Großmutter die verdutzte Tante Toni beiseite und stürmte in die Wohnung. „Heinzi, komm heraus!", schrie sie. „Du musst dem Führer dienen!" Im Kasten schreckte der achtzehnjährige Heinzi auf, als er die Stimme seiner Mutter vernahm. Mit eingezogenem Kopf, am ganzen Leib zitternd, kam er heraus. „Komm mit!", befahl seine Mutter und stieß ihn zur Tür, um ihn mitzunehmen. Tante Toni wollte Heinzi noch zurückhalten und rief entsetzt: „Du bringst deinen eigenen Sohn um!" Aber da schritten die beiden schon die Treppe hinunter. Tante Toni, fassungslos vor Schreck, erschauerte und griff an ihr Herz. „Lieber Gott, beschütze ihn!", betete sie leise und machte das Kreuzzeichen. Leider vergebens.

Ein halbes Jahr später, im November 1945, erhielt mein Großvater folgendes Schreiben:

Sehr geehrter Herr Bukowsky!

In der Großen Abwehrschlacht um die kroatische Gemeinde Kleinwarasdorf im Burgenland, am 30. März 1945 (Karfreitag 15 Uhr) fiel Ihr Sohn, Grenadier Heinz Bukowsky, geboren am 26. 4. 1927 in Linz a.d. Donau, römisch-katholisch, ledig, Student.

Er hat damit sein höchstes Opfer in diesem schicksalhaften Kampf um den Bestand unseres Vaterlandes gebracht.

In derselben Stunde, in der der Heiland für ihn starb, legt er sein Leben in die Hände des Schöpfers nieder, um es ihm anzuvertrauen bis zum Tage der Zurückgabe, dem Morgen der Auferstehung.

Er wurde am 2. April 1945 (Ostermontag) von meinen Pfarrkindern auf einem Ackerfeld beim Nikitscher Kreuz provisorisch beigesetzt.

Persönliche Dinge des Gefallenen werden hiermit eingeschrieben zugestellt.

Stefan Horvath, Pfarrer

In der Karwoche, kurz vor Kriegsende, hatte die Rote Armee nach wochenlangen heftigen Kämpfen am 29. März 1945 die Grenze des damaligen Deutschen Reiches im Burgenland überschritten. Die Sowjets rückten rasch vor, beschossen die Dörfer und töteten Hunderte blutjunger Soldaten, unter ihnen Onkel Heinzi.

Tante Toni schluchzte laut, als ihr der im Ersten Weltkrieg invalide geschossene Bruder Karl zitternd und unter Tränen obigen Brief vorlas. „Warum hab ich das zugelassen? Wieso hab ich ihn nicht besser beschützt?", rief Tante Toni ein ums andere Mal. Sie wehklagte und weinte, war zerrissen zwischen selbstzerfleischender Trauer und unbeschreiblicher Wut gegenüber ihrer Schwägerin. Heute denke ich, dass meine Großmutter, die einen sehr hohen Preis für ihren blinden Gehorsam gegenüber der Obrigkeit bezahlt hatte, sich später sicherlich entsetzliche Vorwürfe gemacht hat, doch konnte sie wohl zum damaligen Zeitpunkt nicht aus ihrer verpanzerten Haut heraus.

Dass meine Großtante aus Liebe zu ihrem Neffen ohne zu zögern ihr Leben riskiert hat, ist etwas, wofür ich sie immer bewundern werde.

Kurz nach Ende des Krieges begab sich Tante Toni auf eine abenteuerliche Fahrt ins Burgenland. Dabei hatte sie einen genauen Plan. Sie bestach alle möglichen Amtspersonen, um im nachkriegszeitlichen Chaos dennoch die sterblichen Überreste von Heinzi zu finden und diese nach Linz zurückzubringen. „Das war ich ihm schuldig, ihn nach Hause zu bringen", meinte sie – und sie schaffte es tatsächlich. Nachdem sie Heinzis Leichnam ihrem Bruder, meinem Großvater, übergeben hatte, schrieb sie eine Karte an meine Großmutter mit den lapidaren Worten: „Du hast deinen einzigen Sohn auf dem Gewissen." Da sie selbstverständlich eine Schreibmaschine verwendete und die Karte über die dicke Rolle der Underwood gespannt hatte, blieb diese Karte immer leicht gebogen. Mit dieser getippten Anklage hatte Tante Toni der Nachricht sozusagen amtlichen Charakter verliehen, was ihr meine Großmutter nie verzieh. Ab dem Zeitpunkt sprachen die beiden Schwägerinnen bis zu ihrem Tode nie mehr ein Wort miteinander.

„Der Krieg hat so entsetzlich viele Wunden geschlagen", seufzte Tante Toni. „Es erstaunt mich immer wieder, wie manche Leute heute noch ruhig schlafen können." Im Radio interpretierte Lale Anderson 1942 das Lied „Es geht alles vorüber, es geht alles vorbei", das von der Sehnsucht eines jungen Soldaten nach besseren Zeiten während der dunklen und kalten Kriegstage spricht. Tante Toni summte es noch zwanzig Jahre später und sang den Refrain, wenn wir Kinder uns die Knie aufgeschlagen oder andere kleine Verletzungen zugezogen hatten. Das half uns dreien erstaunlich viel.

Mitte der Sechzigerjahre, bei einem Spaziergang mit Tante Toni, sprach ich sie auf das seltsame Verhalten eines Nachbarn an. Er besaß einen kleinen Dackel, den er „Herr Seizinger" nannte. Ich wunderte mich über den kuriosen Namen für einen Hund. Tante Toni erzählte daraufhin, dass unser Nachbar während des Krieges von einem anderen in derselben Straße wohnenden Mann denunziert worden war und mehrere Monate im KZ Mauthausen zugebracht hatte. Der Denunziant hatte Seizinger geheißen. So pfiff der Nachbar seinen Hund in scharfem Ton an: „Herr Seizinger, bei Fuß! Scheiß net auf die Straße! Wirst du wohl folgen, du Mistvieh!?" – „Aber warum spricht er so mit dem armen Hund? Der kann doch gar nichts dafür", fragte ich verwirrt. „Das ist halt seine Art der Rache, das musst du verstehen", antwortete Tante Toni. Ich machte ab sofort einen großen Bogen um „Herrn Seizinger", diesen unschuldigen Dackel mit Hängebauch.

//... ist alles ein Schwindel//

„PROBIEREN GEHT ÜBER STUDIEREN"

Weiterleben in der Nachkriegszeit

Wie lebt man ein normales Leben nach zwei Weltkriegen?

Oft habe ich Tante Toni gefragt, woher sie die Kraft nahm, um wieder von vorne anzufangen. „Naja, wir hatten ja keine andere Wahl", meinte sie, „und ich war froh auf der Amerikanerseite zu sein." Von 1945 bis zum Ende der Besatzungszeit 1955 war Linz entlang der Donau geteilt. Urfahr, am nördlichen Donauufer gelegen, war sowjetisch besetzt, der Süden von den US-Amerikanern. Tante Toni zitierte gerne den legendären Satz von Landeshauptmann Heinrich Gleißner: „Wir haben die längste Brücke der Welt. Sie beginnt in Washington und endet in Sibirien."

Das Bundesland Oberösterreich hatte aufgrund des Zweiten Weltkriegs mehr als 64 000 Todesopfer zu beklagen. Von diesen galten 40 000 als gefallen oder dauerhaft vermisst. Die Zahl der zivilen Opfer lag bei über 24 000. Es gab kaum eine Familie, die nicht ein Mitglied durch den Krieg verloren hatte. Tante Toni hatte ihren geliebten Neffen nicht retten können und so manche Kollegen und Bekannte waren nicht mehr zurückgekehrt.

Am sichtbarsten waren die Bombenschäden an den Gebäuden und Verkehrseinrichtungen. Dennoch befand sich Oberösterreich in einer besseren Situation als der Osten Österreichs. In Linz waren infolge von zweiundzwanzig schweren Bombenangriffen Zehntausende Wohnungen vollständig zerbombt oder so stark beschädigt worden, dass sie nicht mehr bewohnbar waren. Hunderte von Häusern waren völlig zerstört, insgesamt ein Drittel des Linzer Häuserbestands. Das Leben in den Städten der unmittelbaren Nachkriegszeit war ein Leben in Schutt und Asche. Die österreichische Wirtschaft war nahezu vollkommen zusammengebrochen, wenngleich die großen Industrieanlagen bei den Bombenangriffen nicht völlig zerstört worden waren. Was viel schwerer wog und die Produktion lähmte, war der Mangel an Kohle, Rohstoffen und Ersatzteilen aller Art, was Tante Toni auch in der Spedition zu schaffen machte.

Allerorten herrschte Chaos. Nahezu jeder Mensch war in irgendeiner Form von den Kriegsnöten betroffen. Die größten Probleme betrafen die Lebensmittelversorgung und den damit verbundenen Hunger, die Wohnungsnot und den Mangel an Elektrizität, Gas und Heizmaterial. Aber auch die unterbrochenen Kommunikationswege erschwerten das Leben. Es gab kaum Möglichkeiten, sich nach dem Verbleib von verschollenen Familienmitgliedern zu erkundigen. Die Zeitungen waren voller Suchanzeigen, überall waren handgeschriebene Zettel befestigt, teilweise mit Bildern, um die Vermissten wiederzufinden.

Tante Toni erzählte von den Lebensmittelrationen, die noch bis 1950 bestanden, und von den bemerkenswert kreativen Ideen so mancher, um das alltägliche Überleben zu sichern. Mit Fallschirmseide, Reifengarnen und Wehrmachtsdecken konnte man einiges zaubern: etwa Hochzeitskleider nähen, Unterhosen stricken; Wintermäntel anfertigen; aus Gasmasken oder Stahlhelmen konnte man Löffel und Kochtöpfe erzeugen.

Hamsterfahrten, Schmuggeltouren, Schwarz- und Schleichhandel-Geschäfte konnten die Mängel zeitweise beheben und manchmal sogar reich machen. Die arbeitsteilige Geldwirtschaft war vorübergehend funktionsunfähig geworden: Plündern, Organisieren, Sammeln und Tauschen ermöglichten das kurzfristige Wiederaufleben archaischer Wirtschaftsformen. Auch Tante Toni schmuggelte in ihren Taschen, unter ihrem Hut und in langen Gewändern die unterschiedlichsten Utensilien und betätigte sich außerdem sehr geschickt im Tauschhandel. Die Lebensmittelsituation war in der Stadt weit schwieriger als auf dem Land und dank Tante Tonis guten Kontakten durch die Spedition gelang es ihr, Zugang zu Gemüse, Kartoffeln und Speck zu erlangen. Alles, was sie ergattern konnte, verteilte sie an ihre Familie und Kriegsversehrte.

Für sich selbst behielt sie fast nichts.

Meine Mutter und meine Großeltern, die auf der Nordseite von Linz in der russischen Zone lebten, mussten täglich die Nibelungenbrücke überqueren, um in das in der amerikanischen Zone gelegene Spielwarengeschäft zu gelangen. Die täglichen strikten Kontrollen an der Brücke beinhalteten eine Entlausungsstation der Amerikaner, bei der jeder Grenzgänger mit dem giftigen Insektizid DDT behandelt wurde.

Eine beliebte Anekdote der „Russenzeit", die mein Großvater und Tante Toni gern erzählten, betraf meine Mutter. Im dreistöckigen Haus meiner Großeltern hatten zwanzig junge russische Soldaten ihr Quartier aufgeschlagen, die Familie wurde in zwei Räume zusammengedrängt. Meine bildhübsche sechzehnjährige Mutter, blond, lustig, lebendig, wurde von den russischen Soldaten natürlich angebetet und bedrängt. Ein Russe griff ihr eines Tages auf das Hinterteil, woraufhin meine Mutter ihm in Anwesenheit aller eine schallende Ohrfeige versetzte. Dann herrschte Stille, das Herz meiner Großeltern, die die Szene beobachteten, setzte schier aus, die anderen Soldaten hatten den Vorfall ebenfalls mit angesehen. Und dann brach meine Mutter in jugendlich-frisches Gelächter aus und steckte damit alle anderen an. Von da an wurde sie nie mehr wieder belästigt, im Gegenteil: Die Russen brachten die Mangelware Milch und Slibowitz für alle mit und beschützten sie sogar.

Tante Toni erwähnte oft die wenig beachteten Schweizer Kinderaktionen für Österreich zwischen 1945 und 1955. „Das ist ein fast schon vergessenes Kapitel schweizerischer humanitärer Hilfe", ärgerte sie sich. „Ohne das Schweizer Hilfswerk und das Rote Kreuz wären viele Kinder verhungert. Ohne die Pakete für die Kinderhilfe und die Ausspeisungen hätten wir das nicht geschafft." Rund dreißig Prozent der Kinder waren in der Nachkriegszeit unterernährt, und das nach einer Zeit, die eh schon von Sirenengeheul, Kellergeruch und allgemein herrschender Not geprägt war. Kindern, die in die Schweiz geschickt wurden, erschien die Helvetische Konföderation wie das Schlaraffenland. Es gab Schokolade und Milch ohne Lebensmittelmarken, keine zerbombten Straßenzüge, keinen Staub des Wiederaufbaus. Zwischen 1945 und 1956 wurden rund 35 000 österreichische Kinder für maximal drei Monate bei Schweizer Gastfamilien aufgenommen und dort aufgepäppelt. Man gab ihnen den Namen „Schweizerkinder". Auch heute noch treffen sich einmal im Jahr die wenigen Übriggebliebenen dieser Zeit.

Zeit ihres Lebens würdigte Tante Toni die Schweiz für diese Tat. Sie schätzte die Demokratie des Konsenses, sie bewunderte die Geschicklichkeit der Helveten, ihre Effizienz und Ordnung. „Von den Schweizern, da kann man was lernen", schärfte sie mir ein, „das sind patente Leute."

Über die Jahre hinweg hatte sich Tante Toni in der Hierarchie des Unternehmens Herber immer weiter hinaufgearbeitet. Doch war sie erschöpft von den Kriegsjahren, der Arbeit, dem Alleinsein. Der sinnlose Tod von Heinzi ging ihr sehr nahe. Sie hatte ihn so gern geliebt. So zog sie sich langsam, aber sicher, in sich selbst zurück, auch wenn sie nach wie vor eine beispielhafte Angestellte war.

Tante Toni war bereits in jungen Jahren innerhalb der verstreut lebenden Familie eine Respektsperson gewesen. Sie unterstützte finanziell, wenn Not herrschte, half mit wertvollen Ratschlägen oder Sachspenden, fragte auf Ämtern und in Institutionen ungeniert nach Hilfe für andere. In ihren zahlreichen Briefen fand sich oft eine „Beilage" in Form von Fünfzig-Schilling-Scheinen oder auch mehr für die Kinder der Verwandten. Großzügig war sie immer und mit Geld umgehen konnte Tante Toni auch sehr gut. „Ich zieh halt wieder die Spendierhosen an", meinte sie, wenn erneut irgendwo Mangel war. Sie konnte aber auch durchaus streng werden, wenn ihrer Meinung nach Geld vergeudet wurde oder jemand faul war. Dann las sie demjenigen anständig die Leviten! „Verzeih mir", schrieb sie dann, „aber wenn ich euch schon helfe, dann erlaube ich mir auch zu schimpfen, wenn ich muss!"

... ist alles ein Schwindel

„SCHWAMM DRÜBER"
Die Ehe mit Karl

„Nach Katastrophen rücken die Leute zusammen", sagte Tante Toni einmal. Sie selbst hatte zwei Weltkriege allein überstanden. Der Vater war 1941 gestorben. Sie war nun fast fünfzig, weiterhin unermüdlich in der Spedition tätig und lebte bescheiden und allein in einem von den Bomben verschont gebliebenen Haus. Bei Herber hatten es etliche Kollegen auf die tüchtige Tante Toni als Ehefrau abgesehen, jetzt wo man einander mehr denn je brauchte.

Karl Hasenraders seelische Narben lagen tief. Er war der Sohn eines Bäckers in der Linzer Kapuzinerstraße und schon lange bei der Speditionsfirma Herber angestellt. Wann und wie genau

Karl Hasenrader 1936 in Bad Gastein

Tante Toni Karl näher kennenlernte, entzieht sich meiner Kenntnis. Es gibt ein Foto, das den begeisterten Jäger in Siegerpose zeigt. Darauf hatte Tante Toni notiert: „Bad Gastein 1936".

Beide kannten sich also schon viele Jahre, doch arbeitete er zeit seines Lebens als Lageraufseher in den Hallen, während Tante Toni im ersten Stock des Gebäudes, im Hauptbüro, ihr Reich hatte. Mittlerweile zur Finanzbuchhalterin aufgestiegen, konnte sie auch auf die Wertschätzung der nächsten Generation, nämlich der Söhne des Gründers Josef Herber, zählen. Sie erwarb ein weiteres Diplom, nämlich das der Finanzbuchhalterin. Ihre Liebe zu Zahlen hatte sie dazu bewogen, Abendkurse zu belegen. Sie war sehr stolz auf ihre stets ausgezeichneten Zertifikate, ließ sie rahmen und hängte sie im Wohnzimmer auf.

Interessanterweise gab es bei Karl Hasenrader einige Parallelen zu Frank Plank, der ja auch eine Stellung in einer Lagerhalle innegehabt hatte. Wie dieser war er groß gewachsen, hager, hatte graue Augen, braune Haare. Karl war außerdem acht Jahre älter als Tante Toni.

Wann begann die Beziehung der beiden einsamen Seelen?

Was bewog die bisher so unabhängige Antonia kurz vor ihrem fünfzigsten Geburtstag noch zu einer Heirat? Ihre Einsamkeit? Weder bedurfte sie nämlich Karls finanzieller Unterstützung, noch konnte sie Kinder bekommen und eine Familie gründen. Und warum hatte sie ihn nicht früher geheiratet? Wahrscheinlich wollte sie einfach endlich jemanden um sich haben zum Reden, wenn sie müde von der Arbeit nach Hause kam. In Karl hatte sie zumindest jemanden gefunden, der ihre Arbeitsstätte, an der sie so viel Zeit verbrachte, ebenfalls in- und auswendig kannte. So konnten sie bei einem bescheidenen Mahl am Abend über dieses und jenes plaudern und sich verstanden fühlen. Und Karl war stolz auf seine unkomplizierte, tüchtige Ehefrau.

Wie jeder andere Mensch sehnte Tante Toni sich nach Anerkennung, nach Liebe, vielleicht auch nach Begehren. Jahrzehntelang hatte sie sich für andere Menschen eingesetzt, vielen geholfen – aber was hatte sie davon gehabt? Ihre Ehrlichkeit, ihre manchmal raue Seite hatten ihr Respekt beschert, aber keine Liebe. Antonia hatte so viel gegeben, doch ihre Offenheit hatte ihr zugleich Fesseln angelegt. So hatte eine dichtmaschige Vereinsamung sie umstrickt, ohne dass sie es bemerkt hatte.

Karl Hasenrader galt als Eigenbrötler und wortkarger Mensch, trotz der neun Geschwister, mit denen er aufgewachsen war. Auch er war von den zwei schrecklichen Weltkriegen schwer gezeichnet. Einige seiner Familienmitglieder wanderten nach dem Zweiten Weltkrieg in die USA aus, und zwar ausgerechnet in jene Gegend, in die auch Frank Plank gezogen war, nach Ohio. Seine jüngste Schwester starb sehr jung. Zwei seiner Brüder emigrierten nach Australien, ein anderer, und das war Karls größter Schmerz, war Gründer der NSDAP in Linz gewesen. Viel Unglück in seiner Kindheit und Jugendzeit war ihm widerfahren und genau wie Tante Toni ein Mangel an Liebe und Geborgenheit. Vielleicht war es gerade das, was die beiden Menschen verband. Beide hegten nach dem Krieg und der Wiederaufbauzeit den Wunsch nach Nähe und Zusammengehörigkeit. Zwei einsame Seelen hatten sich gefunden und wollten miteinander den Frieden genießen.

Karl und Antonia auf einer ihrer zahlreichen Wanderungen in den Fünfzigerjahren

Die schlichte Hochzeit der beiden fand am 21. September 1950 in Linz statt. Mein Großvater, Antonias treuester Gefährte, fungierte als Trauzeuge. Ein Hochzeitsfoto habe ich nie gefunden.

1951, ein Jahr nach ihrer Verehelichung, verwirklichte sich Tante Toni ihren lang gehegten Traum eines eigenen Heims. Dank hauptsächlich ihrer eigenen Ersparnisse und ihres klugen Verhandlungsgeschicks kaufte sie mit Karl eine Zweizimmerwohnung mit Balkon in der Sandgasse in Linz. „Das war damals streng, man musste innerhalb von drei Tagen zahlen, aber ich hab das in die Hand genommen, kannte ja den Herrn von der Bank."

Beider Einsamkeit hatte also Antonia und Karl zusammengeführt und ließ sie dreizehn Jahre lang an den freien Wochenenden gemeinsame Wanderungen und Ausflüge machen. Und beide hofften, später, nach arbeitsreichen Jahren, die ersehnte Pensionierung auskosten zu können. Die beiden verband ihre Liebe zur Natur und sie beobachteten gern von den Hochsitzen aus Tiere mit dem Fernglas. Karl war ja ein leidenschaftlicher Jäger, doch zur Jagd kam Tante Toni nicht mit. Sie bedauerte die erlegten Rehe, die Hasen und Fasane. „Ausnehmen und kochen musst du die selbst", ermahnte sie ihn dann und er tat das folgsam. Die Wände der gemeinsamen Wohnung, ihr ganzer Stolz, waren dekoriert mit Geweihen verschiedenster Größen. Tante Toni nutzte sie auf ihre Art und Weise: sie hängte mit einem verschmitzten Lächeln ihre Hüte, Schals und Taschen auf die spitzen Trophäen.

Karl Hasenrader vor seinen Trophäen in der Wohnung, ca. 1960

An sonnigen Tagen wanderten sie zu gemütlichen Wirtshäusern. Karls Verwandte führte ein Restaurant auf dem Pöstlingberg und so wurde dies zu einem beliebten Ausflugsziel der beiden. Auch eine Bäckerei war im Besitz der Hasenraderfamilie. Ihr Leben lang liebte Tante Toni den Geruch von frischem Brot und Mehlspeisen.

Die Urkunden der Firma Herber künden von Tante Tonis beruflicher Laufbahn

1957 feierte Tante Toni ihr vierzigjähriges Arbeitsjubiläum. Sie erhielt für ihre Verdienste unter anderem eine Urkunde mit einem Gedicht, das bis an ihr Lebensende in ihrer Wohnung hing. Auf beides war sie verdientermaßen stolz.

Nach Heinzis Tod und während ihrer Ehe besuchte Tante Toni ihren Bruder nur, wenn er alleine war.

Meine Mutter, ihre Nichte, als einziges überlebendes Kind meiner Großeltern versuchte mit ihrer natürlichen Fröhlichkeit, die tiefen Wunden aller zu heilen. Sie heiratete meinen Vater, den besten Freund und Schulkameraden von Onkel Heinzi. Bei der Hochzeit im Jahre 1951 fehlte aber eine Person: Tante Toni. Sie konnte sich nicht dazu überwinden, ihrer Schwägerin gegenüberzutreten.

Der 3. Juni 1963, siebenundvierzig Jahre nach ihrem Eintritt in die Spedition Herber, war Tante Tonis letzter Arbeitstag. Die feierliche Verabschiedung in den Ruhestand ihrer treuesten und längstdienenden Mitarbeiterin fand mit einem feierlichen Festakt im Kreise aller Mitarbeiter statt. Ihr Höhepunkt war eine anerkennende Dankesrede über Tante Tonis Werdegang, gehalten von Herrn Herber junior. Über ihr Abschiedsgeschenk, eine Schweizer Armbanduhr der Marke Omega, Modell „Genève", freute sich Tante Toni ungemein und sie behielt dieses Symbol ihrer Würdigung bis zu ihrem Tod.

1952 wurde meine älteste Schwester geboren, zwei Jahre danach kam ein weiteres Mädchen und schließlich 1961 ich, als Nachzüglerin, zur Welt.

Einen Tag später erlitt Karl Hasenrader nach dem ersten Morgenkaffee einen Herzinfarkt und starb in den Armen meiner Großtante. Meine Schwestern erinnern sich, wie Tante Toni abends bei unserem Großvater saß und bitterlich über den weiteren Verlust weinte. „Der Herrgott gibt und nimmt, aber mir hat er schon zu viele geliebte Menschen entrissen", seufzte sie.

Doch auch dieser Schicksalsschlag konnte Tante Toni nicht brechen. Kurz nach dem Begräbnis rief sie meine Mutter an und schlug ihr vor, dass sie sich mehr um uns drei Mädchen kümmern wolle, da sie ja nun als Pensionistin und Witwe viel Zeit hätte. Meine Mutter war von diesem Vorschlag begeistert – und wir Schwestern noch mehr.

Ich an meinem Geburtstagstisch, Tante Toni rechts, meine Schwester Evi hinten

Einige Wochen nach seinem Tod ordnete Tante Toni Karls Habseligkeiten. Dabei stieß sie unter dem Bett auf eine verstaubte Schuhschachtel, in der sie Jägerutensilien vermutete, jedoch unzählige erotische Bilder von Frauen fand. Das war ein Fund, mit dem sie nicht gerechnet hatte. Aus heutiger Sicht handelte es sich dabei um harmlose, für die Fünfzigerjahre typische Bilder, die eigentlich recht sittsam waren. Und was tat Tante Toni mit den Nacktbildern? Sie betrachtete sie lange eingehend, befand sie schließlich als kunstvoll und ästhetisch und pinnte sie an die Wand in der Toilette. Aber für uns Kinder war es doch etwas ungewohnt gewesen, in der Wohnung unserer betagten Großtante diese gewagten Fotos zu sehen. Wir Kinder fragten: „Wer sind denn die Damen?", und Tante Toni sagte uns die Wahrheit. „Das sind Modelle, Fotomodelle. Männer lieben so was. Auch meinem Mann hat das gefallen. Ich selbst schau ja ganz anders aus", lachte sie dann. Tante Toni behielt ihren Humor wirklich in jeder Lebenslage und machte aus allem das Beste. Bis an ihr Lebensende schmückten diese lustvollen und sinnlichen Zeuginnen von Karl Hasenraders Fantasie das Klo seiner Witwe. Als sie mir die „Damen" erklärte, schaute sie mich an, lächelte und summte aus „Der Bettelstudent" von Millöcker das Lied „Schwamm drüber": „Weißt du, man muss im Leben viel vergeben können. Wie in der Schule wischst du mit einem Schwamm alles, was auf der Tafel steht und nicht mehr so wichtig ist, einfach ab."

Als Kind schlich ich immer wieder um einen dicken grünen Samtvorhang herum, der, an der Decke an drei Seiten angebracht, bis zum Boden fiel. Mittels einer Kordel konnte man den schweren Vorhang wie auf einer Bühne öffnen: Dahinter verbarg sich das Ehebett. Es war ziemlich hoch und der massive Holzrahmen ließ es noch größer wirken. Von Tante Toni wollte ich natürlich wissen: „Warum läuft denn ein Vorhang ums Bett herum?" – „Weißt du", seufzte Tante Toni, „mein Mann wollte immer so komische Sachen von mir im Bett." Ich, die ich sonst immer nachfragte, war aufgrund dieser Antwort irritiert und erschrocken und wagte nicht sofort weiterzubohren. Hin und wieder sprach ich absichtlich das grüne Bett wieder an, aber ich konnte ihr nichts Wesentliches entlocken. „Ja, es ist tatsächlich ein Ungetüm", wich sie beim Thema Bett aus, „aber ein neues will ich auch nicht." Heute noch bedaure ich, nicht weitergeforscht zu haben, was genau da unerzählt geblieben war.

Weder in ihren zahlreichen Briefen noch in ihrer auf der Schreibmaschine „Gabriele" getippten Lebensgeschichte erzählte Tante Toni etwas über ihren Mann oder ihre Ehe. Sie berichtete viel von ihrer Jugend, ihrer Arbeit – aber nichts über ihren Mann. Nur ein einziges Mal schrieb sie meiner Schwester Folgendes: „Mein Mann und ich haben uns immer gut verstanden." Ich denke, sie waren sehr gute Gefährten, die sich gegenseitig unterstützten und einander respektierten. So viel Tante Toni auch erzählte, über Liebe sprach sie nie.

In einem Brief aus dem Jahr 1981 bemerkte sie: „Weißt du, wenn ich auch nie Mutter geworden bin – was mir ja immer gesagt wurde: ‚Das verstehst du nicht, du bist keine Mutter' –, so bin ich doch eine vernünftige Frau, von der sich manche was abpausen können." Dass sie kinderlos geblieben war, machte sie traurig. Wie gerne hätte sie ihr erzieherisches Naturtalent und ihren Humor innerhalb einer vielköpfigen Schar ausgelebt. Doch das Schicksal hatte etwas anderes für sie vorgesehen. Schließlich meinte sie lächelnd, mit einem Blick auf uns Mädchen: „Aber ich hab' ja Gott sei Dank euch."

Das mit der Liebe ...

„SELBST IST DIE FRAU"
Tante Toni nimmt ihr Witwendasein in die Hand

Tante Toni besorgte sich die Heimwerkerzeitschrift „Selbst ist der Mann" und las eifrig die Erläuterungen zu kleinen Reparaturen, um diese notfalls selbst erledigen zu können. „Wieso holst du nicht Herrn Lindinger?", fragten wir sie, „der kann doch alles." Aber das wollte sie nicht.

Heute weiß ich, dass sie aus einem ganz bestimmten Grund davon Abstand nahm. Sie erinnerte sich nämlich noch gut daran, wie sehr er den „Anschluss" begrüßt hatte und vom Aufstieg der Nazis begeistert gewesen war. Mehrmals hatte sie ihn jubelnd in den Menschenmassen am Hauptplatz gesehen und wusste um seine politische Weltanschauung. Die habe er am Ende des Krieges, als er von Heinzis Tod erfuhr, zwar bitterlich bereut, dennoch verzieh sie ihm seine politische Gesinnung nie und wahrte höfliche Distanz zu ihm. Herr Lindinger seinerseits versuchte, Tante Toni aus dem Weg zu gehen oder tat sehr beschäftigt, wenn sie bei uns war. Zu uns Kindern war er jedoch sehr freundlich und hilfsbereit, so gelang es den beiden vom Krieg geprägten Menschen hervorragend, uns Kinder als Friedenspuffer zwischen sich zu schieben. Das war also der Grund gewesen, warum jegliche Verkupplungsversuche unsererseits so schmählich gescheitert waren. Es war eine Zeit, in der viele Ex-Nazis in öffentlichen Positionen weiterverbleiben konnten, aber davon hatten wir Kinder keine Ahnung. Und Tante Toni schwärzte niemanden an, sie hielt lediglich Abstand, wobei die jeweilige Person sehr genau ihre tiefe Verachtung spüren konnte.

„Nimm dich vor den Dünnlippigen in Acht", warnte mich Tante Toni einmal flüsternd, meine kleine Hand fest im Griff, als sie mich vom Kindergarten abholte. Ein stoppellockiges, feenhaftes Mädchen, das meine Freundschaft suchte, wollte mich zu sich nach Hause einladen. Tante Toni, die mir ansah, dass ich zögerte, war auch nicht begeistert. „Das Trutscherl ist nix für dich", meinte sie später und besonders beäugte sie die Mutter des Mädchens kritisch, da sie in ihr die Tochter eines einstigen Gestapo-Schergen wiedererkannte. „Die sind beide ein bisserl etepetete", sagte sie später, „die halten sich für was Besseres." Und so nickte sie auf die Einladung hin nur höflich und zog mich eilig mit sich fort.

Tante Toni belegte seit ihrer Pensionierung zahlreiche Kurse und stillte damit ihren Bildungshunger, was ihr früher verwehrt geblieben war. 1947 war die Volkshochschule Linz als erste kommunale Volkshochschule Österreichs ins Leben gerufen worden und rasch zur größten derartigen Institution in Österreich gewachsen. Dort sollte Demokratie gelehrt werden, um den Hitlerismus zu überwinden. Angesichts der schrecklichen Folgen der Kriegsjahre und der brutalen Unterdrückung wollte der Direktor der Volkshochschule vehement gegen die politische Apathie der Nachkriegsjahre vorgehen. Im Programm war daher von Anbeginn der Schwerpunkt „Weltanschauung, politische Bildung und Staatsbürgerkunde" verankert. Zugang zu Bildung und Wissen war genau das, was Tante Toni sich immer so gewünscht hatte, nun fand sie, neben ihrem Engagement für uns, endlich Zeit dazu. Sie interessierte sich vor allem für Geschichte und Geografie. Und endlich wollte sie auch auf Reisen gehen.

Die Schlögener Schlinge zwischen Passau und Linz

Viele unserer gemeinsamen Ausflüge führten uns zur Schlögener Schlinge, der großen Mäanderschleife der Donau in der Nähe von Linz, die früher einen gefährlichen Abschnitt für die Schifffahrt darstellte. Auf diesen Spaziergängen schöpfte Tante Toni aus ihrem Sagenschatz

Das mit der Liebe ...

und begann mit tiefer Stimme märchenhaft zu erzählen: „Einst lebte ein Müller am Donaufluss. Der hatte eine wunderschöne Tochter. In sie verliebte sich der Sohn des Grafen. Er durfte sie aber nicht heiraten. Das brachte ihn derart zur Verzweiflung, dass er weder ein noch aus wusste. Warum er nicht einfach fortging mit ihr, um anderswo ein neues Leben zu beginnen? Wer weiß? Er entschied sich anders: Sie oder keine. Und so zog er sich ins Kloster Wilhering zurück. Jahre vergingen. Alt und vergessen starb er schließlich als Klosterbruder. Am nächsten Allerseelentag aber brannten auf seinem Grab drei Kerzen. Nachts hatte sie eine verhutzelte, alte Frau dort angezündet. Es war seine einstige Liebe. Ob er nicht doch besser mit ihr durchgebrannt wäre, als sie noch jung waren?" Das klingt nach Selbsterlebtem, denke ich mir heute.

Tante Toni liebte die Donau. Oft spazierten wir den Fluss entlang oder nahmen eines der Donaudampfschiffe und fuhren nach Passau. Dazu erzählte Tante Toni immerzu Volkssagen, die vom „Bäckerschupfen" zum Beispiel. Das Bäckerschupfen war eine Strafe, die Bäcker erhielten, wenn sie zu kleines oder schlechtes Brot gebacken hatten. Auch in Linz gab es diesen Brauch am Ufer der Donau. Der Verurteilte wurde in einen Korb gesetzt, der an einem Hebel oder einem Seil angebracht war und den man damit heben und senken konnte. Manchmal wurden die Bäcker in die Donau getaucht, manchmal auch nur über ein sehr schmutziges Wasser gehängt und so lange im Korb belassen, bis die Verängstigten freiwillig den Sprung ins Schmutzwasser auf sich nahmen. Diese gruseligen historischen Geschichten meiner Heimatstadt faszinierten mich. „Und das Volk sah zu und jubelte – wie beim Hitler", schloss Tante Toni ihre Erzählung. Ich hing an ihren Lippen und wünschte, ihre Erzählungen würden nie aufhören.

Die Donau, so Tante Toni, war der zweitlängste Fluss Europas und stellte eine der wichtigsten und ältesten Handelsrouten dar. Ihr Traum war es, im Rahmen der organisierten Reisen der Volkshochschule alle Länder, durch welche der Fluss fließt, zu besuchen. Damals betraf das neun Länder, denn Jugoslawien war noch nicht zerfallen. Und Tante Toni setzte dieses Vorhaben tatsächlich um – trotz des damals noch bestehenden Eisernen Vorhangs! So führten sie ihre Reisen mit der Linzer Volkshochschule nach Rumänien, Ungarn, Jugoslawien und Bulgarien. Nur bis in die Ukraine und nach Moldawien schaffte sie es nicht. „Was ist der Eiserne Vorhang?", wollte ich wissen, wenn sie von den Erkundungsfahrten in allen Details berichtete. Darauf antwortete Tante Toni: „Eine unsichtbare Trennung." Sie zitierte Winston Churchill, auf den sie große Stücke hielt: „Von der Ostsee bis hinunter nach Triest an der Adria ist ein

‚Eiserner Vorhang' über den Kontinent gezogen. Hinter jener Linie liegen alle Hauptstädte der alten Staaten Zentral- und Osteuropas: Warschau, Berlin, Prag Budapest, Belgrad, Bukarest und Sofia." Zur Vorbereitung auf ihre Reisen hatte Tante Toni jahrelang Kurse zu Geschichte und Wirtschaft besucht, denn eines ihrer Steckenpferde war die Politik. Die Gruppenreisen bildeten somit ihre Belohnung für das fleißige Zuhören.

Tante Toni konnte wie sonst niemand in meiner Familie mit Geld umgehen, und trotz der schwierigen Zeiten konnte sie stets etwas zur Seite legen. So verfügte sie immer über einen Notgroschen. Auf einem unserer Spaziergänge setzten wir uns einmal ins Gasthaus „Wienerwald" auf dem Freinberg. Sie zog ein kariertes Blatt Papier und einen blauen Kugelschreiber aus ihrer abgegriffenen Handtasche. „Schau einmal", sagte sie, „hier links verzeichnest du die Einnahmen, hier rechts die Ausgaben. Es ist ganz einfach. Die wichtigste Grundregel lautet: Man kann nur so viel ausgeben, wie man eingenommen hat; genau wie beim DKT. Sonst wäre das Ergebnis ja negativ und das gibt es ja nicht. Denk also immer genau nach, wofür du Geld ausgibst. Du kannst dir Zuckerl kaufen oder aber die paar Groschen in ein Sparschwein werfen. Und einmal im Jahr gehst du damit zur Sparkasse und legst das Ersparte auf ein Sparkonto. Die Bank gibt dir Zinsen und dann hast du jedes Jahr mehr. Prozentrechnen ist ganz wichtig in der Schule, da musst du gut aufpassen! Wenn du auf der Bank Zinsen erhältst, musst du wissen, wie viel danach herauskommt."

Für mich eröffnete sie 1967 anlässlich meines Schuleintritts und des Weltspartags in Linz bei der Sparkasse mein erstes Sparbuch. Ich erinnere mich daran, wie sehr mir das herrliche Gebäude an der Promenade imponiert hatte – ein monumentaler Repräsentationsbau, der wie ein italienischer Palast der Spätrenaissance wirkte. Ebenso hatte die mächtige Kassahalle einen starken Eindruck bei mir hinterlassen: Ich fühlte mich winzig in diesem von schweren Marmorsäulen gesäumten Raum. Tante Toni erzählte mir, dass seinerzeit sogar Kaiser Franz Joseph das Gebäude besichtigt hatte.

Tante Toni erinnerte sich an den ersten Weltspartag im Jahr 1925, als sie ihre ersten Schillinge anlegte: „Sparen und mit Geld umgehen hab ich schon früh gelernt."

Für Tante Toni zählte vor allem der pädagogische Aspekt dieses speziellen Tages, der außerdem auf den Tag nach ihrem Geburtstag fiel. Ich erinnere mich gut an das Klimpern der Münzen, wenn ich sie dem Sparschweinchen entnahm. Vor allem aber liebte ich die von der Sparkasse an die fleißigen jungen Sparer verschenkte, lustige Sparefroh-Figur. Es glich fast einer offiziellen Medaillenüberreichung, als Tante Toni mir nach dem Leeren des rosaroten Plastikschweinchens stolz den Sparefroh an den Mantelkragen heftete und mich lobte. Ich behielt die Sparefroh-Figur viele Tage lang am Mantel, dann wanderte sie in meine kleine Schatzkiste, wo ich sie viele Jahre aufbewahrte.

Der „Sparefroh" aus den Sechzigerjahren

Die Krönung war immer unser anschließender Besuch im legendären Café Traxlmayr, einer Linzer Kaffeehaus-Institution direkt gegenüber der Sparkasse. Dorthin lud sie mich feierlich ein. Ich durfte mir vom Mehlspeisenbuffet bestellen, was mein Herz begehrte. Ich zeigte auf den „Indianer mit Schlag". Diese typisch österreichische Köstlichkeit besteht aus zwei ausgehöhlten Biskuit-Halbkugeln, die mit gezuckertem Schlagobers zusammengesetzt und mit Schokolade überzogen ist. Tante Toni genoss die Kaffeehausbesuche, auch sie gönnte sich meist ein Nussbeugerl und wir tratschten über Gott und die Welt.

Neben dem vernünftigen Umgang mit Geld brachte sie mir in dieser Zeit auch bei, gezielte Fragen zu stellen. Ich erinnere mich noch sehr genau, wie sie mich anwies, nachzufragen, wenn ich etwas nicht verstand oder etwas benötigte; eine tiefsitzende Eigenart, die ich bis heute behalten habe und die mich immer wieder mit einem Lächeln auf den Lippen an ihre „Schule" denken lässt. Wie war ich doch schüchtern als Kind, als sie mich in die Kunst des Fragenstellens einweihte.

Meine erste Lektion fand in einem Bus statt. Wir fuhren wieder einmal von der Donaulände aus im Bus auf den Freinberg. Busfahren bedeutete damals für mich ein aufregendes Erlebnis. Ich muss wohl um die fünf Jahre alt gewesen sein, und Tante Toni erzählte mir während der Fahrt spannende Geschichten über die Stadt. Unsere Lieblingssitzplätze waren die ganz hinten auf der langen Bank, da diese leicht erhoben war und daher eine gute Sicht bot. Da ich nicht genau wusste, wo wir waren, fragte ich: „Tante Toni, wo müssen wir aussteigen?" Sie lächelte und antwortete: „Geh doch zum Herrn Busfahrer vor und frag ihn höflich." Die paar mitfahrenden Gäste lächelten ebenfalls, dann gab sie mir einen sanften Schubs und so musste ich, ob ich wollte oder nicht, nun auch noch von den anderen Fahrgästen beobachtet, zum Chauffeur nach vorn wandern. Sehr höflich fragte ich dann: „Entschuldigen Sie bitte, aber wie weit ist es noch bis zum Freinberg?" Der Busfahrer lächelte und sagte: „Sechs Stationen – ich rufe sie aus." Ich weiß noch, dass ich vor lauter Höflichkeit einen Knicks machte beim Bedanken und die Fahrgäste rundherum schmunzelten. Dann fügte der Busfahrer hinzu: „Du hast aber schöne Augen." Ich errötete bis in die Haarspitzen, kehrte mit gesenktem Kopf zu unseren Plätzen zurück und Tante Toni lobte mich mit einem aufrichtigem: „Bravo – so schwer war es gar nicht, gell?" Und dann fügte sie auf mein Rotwerden anspielend hinzu: „Na, das war aber ein Schlawiner", und tätschelte mir anerkennend den Rücken.

In einem Brief im Jahr 1988 schrieb Tante Toni an meine in Italien lebende Schwester: „Lasst es euch gut gehen, verwende das Ersparte nur, wenn Du es wirklich brauchst, denn der Heilige Vater wird auch nichts ändern können. ‚Selbst ist die Frau' – ein etwas abgewandeltes Sprichwort aus einer Zeit, die wir die alte, die gute nennen."

Die folgende Eintragung in das Stammbuch meiner Schwester ist neben einigen Unterschriften in ihren Briefen das einzige handschriftliche Zeugnis, welches ich von Tante Toni besitze. Schon damals, als sie erst zweiundsechzig Jahre alt war, verriet ihre Handschrift das Zittern der gekrümmten Finger. Sie litt an beiden Händen an Arthrose. Der Spruch, den Tante Toni gewählt hatte, konnte nicht besser ihren eigenen Lebensweg beschreiben: Man muss seine Pflicht tun.

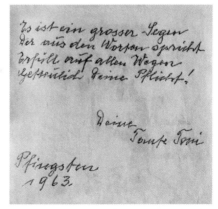

Tante Tonis Eintrag in das Stammbuch meiner Schwester 1963

Sie nahm ihre Pflichten stets sehr ernst, aber – und das gefiel mir – ebenso ihre Rechte: etwa das Recht auf eigenes Denken und freie Meinungsäußerung oder das Wahlrecht. „Da habt ihr vieles den mutigen Frauen zu verdanken, die für euch auf die Straßen gegangen sind und für eure Rechte gekämpft haben", sagte sie so manches Mal zu mir.

Hans (Hildes Ehemann), mein Großvater, Tante Toni und ihre Halbschwester Hilde, 1970

„ÜBERMUT TUT SELTEN GUT"

Tante Toni kümmert sich um ihre Großnichten

„Ich hab in meinem Leben mehr gelacht, als geliebt."

Tante Toni wusste wie kaum jemand anderer mit Kindern umzugehen, verfügte sie doch über die ideale Kombination aus Erfindungsreichtum, Humor und Liebe. Sie wusste sich aber auch Respekt zu verschaffen, wenn wir es manchmal gar zu sehr übertrieben. Zudem hatte sie das Talent, trotz des Altersunterschieds von nahezu zehn Jahren zwischen meinen Schwestern und mir Spiele auszusuchen, die uns alle drei gleichermaßen begeisterten. Unsere ausgelassene und lautstarke Fröhlichkeit störte sie nie, im Gegenteil, Tante Toni lachte herzhaft mit. Vielleicht holte sie damit das allzu seltene Lachen ihrer eigenen Kinderzeit nach. Wenn wir gelegentlich bei ihr übernachten durften, bedeutete das für uns einen hohen Festtag. Wir schliefen in ihrem kleinen Wohnzimmer, welches eine ausziehbare Couch für zwei Personen, ein kleines Tischchen und unser Lieblingsmöbelstück beherbergte: einen ausziehbaren Fauteuil. Wenn wir die Betten gemeinsam mit Tante Toni herrichteten, endete dies meist in einer Polsterschlacht, bei der so manches Mal die Gänsefedern wild durch die Luft flogen. Anschließend glich das Wohnzimmer einer Schneelandschaft. Sie lachte mit und niemals hätte sie über die Unordnung geklagt. Vielmehr liebte sie es, unser Kinderlachen zu hören, und stimmte begeistert mit ein.

Das mit der Liebe …

Zweimal im Jahr, im Frühling und im Herbst, fand der Urfahraner Markt statt, der älteste Jahrmarkt Österreichs, wie Tante Toni uns erklärte. „Der Kaiser selbst hat Urfahr für dieses Privileg ausgewählt", fügte sie hinzu. Ursprünglich war es ein Markt für Wanderhändler gewesen, die ihre Ware anboten. Aber angeblich wurde dort auch „unanständiges" Gewerbe betrieben. Erst nach dem Zweiten Weltkrieg diente der Markt nur zur Unterhaltung der Bevölkerung. Es gab Zuckerwatte, Ringelspiele, Schießbuden, Hutschenschleudern und allerlei Getränke- und Eisstände – das alles machte ungeheuren Eindruck auf mich. Auf dem Urfahraner Marktgelände nahm mich Tante Toni zum ersten Mal in einen Zirkus mit.

Die beiden Attraktionen, die mir ewig in Erinnerung blieben, waren die Clowns sowie ein Elefant. Vor der Vorstellung, auf die ich gebannt und ein wenig verängstigt wartete, beobachteten wir die Tiere bei der Fütterung. Diverse Pudel, zwei Esel, vier Pferde waren darunter, aber mich faszinierte vor allem der Elefant. Das war der erste echte Elefant, den ich zu Gesicht bekam. Wir gingen vorsichtig auf den riesengroßen grauen Vierbeiner zu. Als Erstes sah ich seine traurigen Augen mit den wunderbar langen Wimpern und den mächtigen, faltigen Rüssel. Er tat mir irgendwie leid. „Streichle ihn mal", ermunterte mich Tante Toni, doch das jagte mir einen Höllenschreck ein. Dann kam der Wärter, drückte mir einen grünen Kopfsalat ins Händchen und bestätigte meine Einführung in die exotische Tierwelt durch Tante Toni, indem er meinte: „Kannst ihn ruhig füttern." Nun konnte ich nicht mehr aus. Zögerlich hielt ich dem grauen Riesen den Salat hin und unter Anweisung des Wärters streichelte ich die groblederne Haut des Elefanten am Rüssel. Geschickt holte mein neu gewonnener Freund mit seiner Trompete den Salat aus meiner Hand. Völlig gebannt schaute ich ihm beim Kauen zu.

In der Zirkusvorstellung hatten wir Plätze in der ersten Reihe. Ich bestaunte die Akrobaten, die Jongleure, lachte über die komischen Clowns in ihren karierten, überdimensionalen Hosen und beobachtete fasziniert die mehrstimmigen Bauchredner. Wie machten die das bloß? Es folgte ein Zauberer mit seinen Tricks: bunte Tücher und weiße Häschen, die verschwanden und wie aus dem Nichts wieder in einem Hut saßen. So etwas hatte ich noch nie zuvor gesehen. Dann betrat der Elefant gemächlich und trotz seiner Größe und Masse elegant die Manege und drehte seine Runden mit einer Tänzerin auf dem Rücken. Dazu erklang die für mich bis heute unvergessliche Zirkusmusik.

Fünfzig Jahre später entdeckte ich bei einem Besuch des Charlie-Chaplin-Museums in der Schweiz jenes eine Lied, welches mir seit dieser ersten Zirkusvorstellung im Gedächtnis geblieben war. Der Rhythmus des Liedes ist unregelmäßig, die Spannung wird dadurch aber noch erhöht. Als ich die Musik im Museum hörte, blieb ich wie angewurzelt stehen. Es war das einzige Lied, das Charlie Chaplin jemals in seinen Stummfilmen sang. Es stammte aus dem Film „Modern Times" und hieß „Nonsense Song".

Es gab im Zirkus damals Live-Musik, hauptsächlich auf Blasinstrumenten und Trommeln gespielt, die den jeweiligen Auftritt wirkungsvoll untermalten. Während seiner Nummer blieb der Elefant auf einmal stehen und schwenkte den Rüssel in meine Richtung. Tante Toni sagte: „Siehst du, Elefanten erinnern sich an absolut alles, an die guten Dinge, die ihnen wiederfahren, genau wie an die schlechten. Du warst gut zu ihm, das hat er in seinem dicken Schädel behalten." Dann fügte sie noch hinzu: „Drum merk dir: Was du nicht willst, dass man dir tut, das füg' auch keinem andern zu."

Ich war überwältigt von dem, was ich da gerade erlebt hatte. Der graue Vierbeiner hatte sich an mich erinnert? War das wirklich wahr? Da erzählte mir Tante Toni sogleich eine weitere Elefantengeschichte. Als der bekannte Zirkus Althoff in Deutschland auf Tournee war, wurde ein kleiner Elefant, der Tuffi hieß, auf einer Schwebebahn zu Werbezwecken auf einer Seilbahn transportiert. Bereits nach wenigen Metern brach das nervös gewordene Tier durch eine Seitenwand des Abteils und landete leicht verletzt in der Wupper. „In allen Zeitungen war ein Bild von diesem Vorfall!", erinnerte sich Tante Toni.

Eine weitere Zirkusnummer, die mich damals sehr beeindruckte, war ein ganz in schwarz gekleideter Magier mit weißen Handschuhen. Nachdem er eine Weile in völliger Stille seinen durchdringenden Blick hatte umherschweifen lassen, bat er einen eleganten Herrn aus dem Publikum in die Manege. Dieser trat zögerlich ins Rampenlicht, während der Magier ununterbrochen schwatzte, gestikulierte und dann erklärte, er werde nun die schicke Krawatte des Herrn in einen bunten Blumenstrauß verwandeln. Darauf schnitt der Magier diese wie angekündigt ab, zog die Enden durch verschiedene bunte Tücher und durch das Aussprechen des magischen Wortes „Simsalabim" entstand tatsächlich ein buntes Blumenbouquet. Nur wenige Sekunden später war die Krawatte wieder zusammengesetzt. Das alles war atemberaubend schnell vor sich gegangen. Ich war völlig hingerissen.

Am Abend berichtete ich zu Hause begeistert von allen Zaubertricks, die ich gesehen hatte. Mein Vater, der gerade aus dem Büro gekommen war, setzte sich zu den anderen Familienmitgliedern und hörte meinen euphorischen Ausführungen zu. Ich sagte: „Ich glaub, ich weiß, wie der Zauberer seine Tricks macht, ich hab' genau aufgepasst." Meine Familie war skeptisch. „Soll ich es euch zeigen?", fragte ich siegessicher. Alle nickten. Ich holte also eine Schere aus der Nähkiste meiner Großmutter, näherte mich meinem Vater, schnitt ihm unter seinem verdutzten Blick die Krawatte ab und rief: „Simsalabim!" Doch zu meinem großen Bedauern – und ich konnte wirklich nicht verstehen, warum das nicht wie im Zirkus klappte – konnte ich die Krawatte nicht mehr zusammensetzen; mehrmals wiederholte ich die Zauberworte, aber ohne Erfolg. Tante Toni, die auch zugegen war, wandte beschwichtigend ein, ich sei an diesem Tag aber sehr, sehr folgsam gewesen, und mein perplexer Vater solle dieses kleine Missgeschick doch bitte verzeihen.

Tante Toni und mein Vater mit mir. Diese oder eine ähnliche Krawatte meines Vaters fiel später meinen Zaubertricks zum Opfer

Angespornt von unserem unvergesslichen Tag im Zirkus brütete ich mit meiner Freundin Marianne, die gleich nebenan in einer geräumigen Wohnung über einer Brotfabrik wohnte, eine Idee aus. Bei ihr zu Hause duftete es stets nach frischen Mohnflesserln, Salzstangerln und Nussstrudeln. Im Untergeschoß des Gebäudes gab es unendlich viel Platz in den weitläufigen Lagerhallen. In den langen, verregneten Sommerferien, die nicht enden wollten, planten wir, angespornt vom Urfahraner Markt, unseren eigenen Zirkus zu inszenieren und dazu alle unsere Nachbarn und Schulfreundinnen einzuladen. Ich berichtete Tante Toni von dieser geheimen Idee und sie meinte sofort: „Das machen wir, du musst das nur gut planen und ein paar Leute um Unterstützung bitten!" Wir benötigten natürlich die Hilfe von Herrn Lindinger, der sich sofort bereit erklärte, uns bei den Vorbereitungen zu unterstützen, Bänke herbeizubringen und eine Abzäunung für die Darstellung zu zimmern.

Das illustre Publikum für die Zirkusaufführung, Tante Toni hinten rechts stehend

Meiner Freundin Marianne und mir blieb nun die inhaltliche Aufgabe, das akrobatische und durch Clowns erheiternde Programm zusammenzustellen. Meinen beiden Schwestern wurde die Rolle der Clowns übertragen. Sie wurden dafür mit jeweils einem Polster unter dem Hemd ausstaffiert und da sie beide schlank waren, steckten wir sie zusammen in eine weite Hose meines Großvaters. Kopfzerbrechen bereiteten uns allerdings die notwendigen Dompteurakte. Wir waren vorerst ratlos, denn die einzigen Haustiere in Mariannes Familie waren winzige Tropenfische. Eines Nachmittags probierten wir bei Marianne zu Hause, ob man die wunderschön gemusterten Zierfische nicht doch dressieren könnte, aber sie schwammen nur wild hin und her. Die armen Tierchen waren ganz aufgeregt wegen unseres Lachens und unserer Hände, die immer wieder in das eckige Aquarium fuhren, um sie zu fangen – allerdings erfolglos. Am nächsten Tag trieben die Fische tot an der Oberfläche. Wir erfuhren später, dass wir bei unserem Treiben am Temperaturregler unabsichtlich etwas verstellt und die armen Tierchen dadurch fast gekocht hatten. Ich erinnere mich an unser Entsetzen und unsere verzweifelten Versuche, mit rasch zugefügtem Kaltwasser wieder Leben in die flachen Körper zu hauchen. Doch war unsere Rettungsaktion vergeblich und so harrten wir einer harten Strafe. Ich berichtete Tante Toni schweren Herzens von unserem tragischen Versagen. Sie sagte nur: „Übermut tut selten gut", aber sie schmunzelte dabei.

Meine Schwestern und ich besaßen drei langsam kriechende, nahezu unbewegliche Schildkröten, namens Cäsar, Siddharta und Sappho. Mangels anderer aufsehenerregender Tiernummern sollten diese in unserem Zirkus einen Wettlauf machen. Wir trainierten sie, indem wir sie mit milchgetränkten Semmelstücken und herrlich grünen Salatblättern zum Vorwärtskriechen animierten. Leider begriffen die Schildkröten die Wettbewerbsidee nur schwer. Da uns aber kein anderes Getier zur Verfügung stand, mussten Cäsar, Siddharta und Sappho dennoch in der Manege auftreten. Eine meiner Schulfreundinnen verstärkte die Truppe mit ihren eigenen drei Schildkröten. Bei der Aufführung wurden die sechs Panzertiere gut sichtbar auf einer gelben Decke in der für den Start vorgesehenen Spur platziert, die besten Salatblätter winkten der Siegerin – aber die Schildkröten bewegten sich keinen Zentimeter von der Stelle. Schnell lenkten meine Schwestern das Publikum ab und absolvierten nochmals ihre Clown-Nummer. Durch die Aufregung hatten wir die Reptilien irgendwann vergessen und erst später bei den Aufräumearbeiten fanden wir Siddharta und Cäsar. Sappho aber blieb für immer verschwunden. Ich hatte ein furchtbar schlechtes Gewissen. Doch Tante Toni tröstete mich mit den Worten: „Die ist bestimmt in die Bäckerei in ein gemütliches Eck gezogen." Nur zu gerne glaubte ich an diese erfreuliche Wendung.

Das Wettrennen der Schildkröten, ich ganz links

Da der Erfolg der Schildkrötennummer von Anfang an zweifelhaft war, hatten wir uns für die Vorstellung den Hund einer Schulfreundin ausgeliehen, der durch einen Hula-Hoop-Reifen springen sollte. Das tat er auch einmal, dann allerdings wurde ihm langweilig und er lief mit erhobenem Schwanz davon. Mariannes kleine Schwester beeindruckte dafür das Publikum, indem sie auf Stelzen ging und nur ein einziges Mal herunterfiel. Der Applaus der Anwesenden, nämlich sämtlicher Nachbarn und unserer Schulfreundinnen, war eine Wohltat für uns Zirkusleute und so gingen die kleinen Pannen im abschließenden Schlussapplaus und allgemeinen Jubel unter. Doch am meisten freute uns, dass Tante Toni kam und uns zum Ereignis gratulierte: „Kinder, das habt ihr sehr gut gemacht!"

... ist alles ein Schwindel

„SPELUNKE ZUR ALTEN UNKE"

Spiele und eine Bar im Keller

Die wahrscheinlich originellste Idee, die Tante Toni je gehabt hatte, war das Weihnachtsgeschenk, welches sie sich 1969 für uns drei ausgedacht hatte. Die Idee dazu kam ihr, so erzählte sie uns später strahlend, als sie in den „Oberösterreichischen Nachrichten" einen Artikel über die Renovierung eines bekannten Rotlicht-Etablissements in Linz las. Das Inventar wurde zum Verkauf angeboten und sogleich hatte Tante Toni einen Plan. Sie wollte für uns Mädchen im Keller unseres Hauses eine Bar einrichten. Immer wieder beschwerten sich meine Großmutter und mein Vater über unser lautes Lachen, unser Gekreische und die laute Musik in unseren Zimmern. Da war doch ein Refugium hinter dicken Kellermauern genau das Richtige, um den dauernden Lärm zu dämpfen!

Aus Liebe zu uns durchbrach Tante Toni dabei zwei ihrer fundamentalsten Grundsätze: Sie sprach mit meiner Großmutter und sie arbeitete sogar mit Herrn Lindinger zusammen; ohne die Hilfe der beiden wäre es eben nicht gegangen. Aber das Endziel, nämlich unsere grenzenlose Freude, war Tante Toni wichtiger als ihre ehernen Prinzipien. Nur nach langem Drängen meiner Mutter, die Tante Tonis neue Idee großartig fand, gab meine Großmutter schließlich missmutig nach und gestattete Tante Toni, den Kohlenkeller umzugestalten.

Herrn Lindinger machte dies insgeheim sehr viel Spaß, denn so etwas Ungewöhnliches hatte er noch nie unternommen. Tagelang entrümpelte der Nachbar im November den von Kohlenstaub geschwärzten Raum, der voller unnützer Sachen war, die dort schon seit Jahren gelagert waren. Der Raum war etwa so groß wie das Zimmer meiner Schwestern, wirkte aber dank des hohen Gewölbes aus Naturstein viel größer. Eine Fensterluke ging zur Straße, von der aus man die Beine der vorbeigehenden Fußgänger sehen konnte. Diese Aussicht hatte was Verbotenes an sich, verstohlen spähte man den Passanten nach. Herr Lindinger strich die Wände hyazinthblau, zimmerte lange Holzbänke, die er die Wände entlang anbrachte und baute in einer Ecke einen kleinen Ölofen ein. Das erste Prachtstück bildete die hölzerne Theke, zu der man über eine Holzstufe gelangte und dadurch erhöht stehen konnte, um lässig hinunterzublicken. An der Wand waren mehrere Regale montiert, in denen bunte, allerdings leere Spirituosenflaschen zu Dekorationszwecken standen. Einige der Flaschen waren sehr dekorativ, an eine bauchige, grüne Flasche mit unendlich langem Hals erinnere ich mich noch gut. Verschiedenste Größen von Cocktailgläsern wurden eingereiht. Weiters waren zahlreiche Zahnstocherbehälter für die ominösen Käse-Igel vorrätig, die wir damals gern auf Kinderpartys servierten. Zu diesem Zweck wickelten wir Kohlköpfe in Alufolie und steckten Käsestückchen, kleine Tomaten oder Gurkerl darauf, sodass das Endergebnis einem wohlgenährten, gutmütigen Igel mit Gemüsestacheln ähnelte.

Ich weiß natürlich noch, wie Tante Toni schmunzelnd ihr großes Weihnachtsgeschenk ankündigte, wie wir in den Keller liefen und dort an der Eingangstür das von Herrn Lindinger handgemalte Schild mit der Aufschrift „Spelunke zur alten Unke" entdeckten. „Was ist das?", fragten wir drei Schwestern aufgeregt. Dann schloss Tante Toni voller Stolz und mit einem Lächeln auf den Lippen die Türe auf: „Das ist eure neue Kellerbar."

Vor der Theke standen drei weitere Prunkstücke: lederne Barhocker mit Lehne – ein roter, ein weißer und ein grüner. So etwas hatten wir Mädchen noch nie gesehen, daher starrten wir sprachlos auf diese ungewohnten Sitzgelegenheiten, die wir nur aus amerikanischen Filmen kannten. Auf diesen Hockern konnte man herrlich die Beine überkreuzen – genau genommen konnten allerdings nur Evi und Uschi das tun, da ich noch zu klein war und kaum auf den hohen Stuhl hinaufkam. Als Tante Toni mich das erste Mal jauchzend hinaufklettern sah, meinte sie: „Fräulein Zizibe, heben S's Popscherl in die Höh'!" „Wer ist Fräulein Zizibe?", wollte ich natürlich sofort wissen.

Tante Tonis Erklärung: „Das ist eigentlich ein Vogerl, genauer gesagt: das Geräusch des Pfeifens einer Kohlmeise, aber eigentlich meint es ein lustiges kleines Mädchen." Die Barhocker besaßen darüber hinaus auch noch Kugellager, die das Drehen um die eigene Achse ermöglichten, was ich auch laut jauchzend tat. So saß ich später oft auf dem Hocker und war restlos begeistert von diesem unglaublichen Weihnachtsgeschenk.

Die Barhocker hatte Tante Toni aus der stadtbekannten „Orientbar" ersteigert. Die Orientbar war eines der ältesten Rotlicht-Etablissements von Linz, dem in den darauffolgenden Jahren etliche folgten. Tante Toni suchte, nachdem sie den bewussten Artikel in der Zeitung gelesen hatte, sofort die Bar auf und verhandelte mit den Besitzern, denen sie erzählte, sie würde drei bunte Hocker für ihre drei Großnichten benötigen. Sie handelte einen guten Preis heraus und vereinbarte mit Herrn Lindinger, dass er sie mit seinem Lastwagen abholen sollte, um die Hocker heimlich in den Keller zu bringen, während wir in der Schule waren. Ich kann mir die Szene bildhaft vorstellen: Die kleine rundliche Tante Toni begibt sich ins Linzer Rotlichtviertel, betritt die verruchte Orientbar, verhandelt gekonnt und bekommt selbstverständlich, was sie will. Unsere Großtante muss in diesem Etablissement wie eine

Ein Krampus-Fest mit meinen Schulfreundinnen in der „Spelunke",
ich bin die Fünfte von links, meine Schwester Uschi steht ganz rechts

Erscheinung gewirkt haben. Meine Großmutter hingegen war natürlich mehr als entsetzt: „In die Orientbar ist sie gegangen?!", entrüstete sie sich. „Das passt wieder zu ihr. Und so was Sündiges bringt sie dann nach Hause. Wie kann sie es wagen, dorthin zu gehen und die Ehre unseres Hauses zu beschmutzen?"

Meine Schwestern dekorierten die Bar mit Postern von Mick Jagger, den Beatles und den Kinks. Sie sollte zu unserem ureigensten Refugium werden für Geburtstagspartys, Krampus- und Nikolausfeiern, Faschingsfeste oder die Discoabende meiner Schwestern. Die Erwachsenen rund um uns, allen voran mein Vater, zeigten sich sehr erleichtert, dass wir nun im Keller lärmten und sie unsere Lieblingslieder nicht mehr, ohrenbetäubend laut und unzählige Male hintereinander, vom Plattenspieler oder dem Magnetophonband abgespielt, mit anhören mussten. Meinem Vater war einmal der Kragen geplatzt, weil meine Schwester Uschi exakt zweiundvierzigmal hintereinander „The Sound of Silence" abgespielt hatte. Da stürmte er ins Zimmer und brüllte: „Es reicht jetzt! Ich kann es nicht mehr hören!"

Mit meinen Freundinnen, links sieht man ein Stück des Barhockers

„In der Spelunke zur alten Unke" war der Titel eines Schlagers aus dem Jahr 1959. Dieser war als B-Seite des legendären Trude-Herr-Schlagers „Ich will keine Schokolade, ich will lieber einen Mann" erschienen. Tante Toni liebte den Schlager und sagte, sie hätte bei Trude Herrs Darbietung im Fernsehen sofort an die Einrichtung einer Kellerbar für uns gedacht. Trude Herr war eine deutsche Sängerin und Schauspielerin der Sechzigerjahre gewesen, die aufgrund ihrer Rundlichkeit und einer Stimme, die von schrill bis überraschend tief reichte, recht bekannt war.

Die Orientbar existiert übrigens heute noch, war aber damals, in den Sechzigerjahren, ein Ort, den man nur hinter vorgehaltener Hand erwähnte. Ich kannte als Kind nur das wegen seiner Pornofilme verpönte „Eisenhandkino" nahe meiner Schule mit seinen verruchten Plakaten. Auf meinem Schulweg fuhr ich mit der Straßenbahn bis zum Hauptplatz, von dort ging ich zu Fuß durch die Altstadt, entlang der Hofgasse, vorbei an damals desolaten Altstadthäusern. Aus dem Inneren der Häuser drang der Geruch von feuchten Wänden. Hin und wieder erblickte ich die berühmte einbeinige Hure, die dort ihre Runden drehte. Sie erschreckte und verängstigte mich, gleichzeitig bedauerte ich ihr Schicksal. Als ich Tante Toni nach ihr fragte, sagte sie, die einbeinige Hure könne von ihrem Beruf zumindest gut leben, denn alle Kunden würden sich für eine so ungewöhnliche Frau interessieren.

Damals war die Gegend noch eine vom Straßenverkehr stark frequentierte Zone und immer wieder waren Straßenmädchen zu sehen. Meine Großmutter verwendete weder den Begriff Prostituierte noch Straßenmädchen, sie sprach lediglich von „gefallenen Mädchen". „Dort darfst du keinesfalls vorbeigehen", schärfte sie mir ein. Jahre später, als ich mit sechzehn im Sommer meinen ersten Ferienjob hatte, wurde ich Briefträgerin in genau diesem Viertel. Ich erinnere mich, wie verloren ich war, da die Briefe und Pakete oftmals nur Vornamen, und zwar eher ungewöhnliche, enthielten: „Natascha", „Desirée", „Tatjana" stand da, ohne Nachnamen und eine meist unvollständige Adresse. Wie sollte ich da die richtigen Briefkästen finden? So lernte ich die Straßenmädchen langsam kennen, da ich gezwungenermaßen nachfragen musste, wo Natascha und die anderen Mädchen wohnten. Sie alle unterstützten mich aber meist hilfsbereit und lächelnd. Ich weiß noch, dass ich einige Zeit nach Ende meines Sommerjobs mit meinem Vater durch die Hofgasse schritt und er sehr verwundert war, dass mir einige der Prostituierten zuwinkten. „Woher kennst du denn die?", wollte er erstaunt und beunruhigt wissen und ich erzählte es ihm. Ich glaube, er schmunzelte dabei.

Das mit der Liebe ...

„WENN EINER EINE REISE TUT, DANN KANN ER WAS ERZÄHLEN"

Tante Toni zeigt uns die Welt

Tante Toni wollte die Freude und den Spaß, die sie auf den Studienfahrten erfüllt hatten, unbedingt an uns Großnichten weitergeben. Mit meinen älteren Schwestern unternahm sie Reisen, die ihren Interessen und ihrem Teenager-Geschmack entsprachen. So entdeckten die drei Zürich mit dem brandneuen Flughafen Kloten, um die moderne Perspektive einer Stadt zu erfahren, sie machten auch Spritztouren zu den Plitvicer Seen auf den Spuren Winnetous! Und natürlich zeigte sie meinen Schwestern Venedig: „Das war alles einmal Teil unseres Kaiserreichs", seufzte sie. Triest beschrieb sie als „Wien, nur am Meer".

Leider war ich vorerst noch zu jung für mehrtägige Busreisen, wir begaben uns dafür auf nicht minder spannende lokale Ausflüge.

Wenn ich heute die Franz-Josefs-Warte sehe, denke ich immer wieder an die Geschichte, die mich damals wohl am meisten gefesselt hat. Tante Toni führte mich durch das muffige und dunkle Innere des alten Turms. In dem sonst leeren größten Raum, es war wohl der verwahrloste einstige Saal, fiel ein Kamin auf. Außen wucherten Efeuranken wild die Wand empor, drinnen hingen dichte Spinnennetze. Tante Toni wies auf den staubigen Steinboden vor dem Kamin. „Siehst du das? Siehst du den dunklen Fleck?" Ich sah eine größere kreisrunde Stelle, die sich leicht dunkler vom Rest des Grautons abhob.

„Das hier war eine Blutlache!", meinte sie. „Hier", so Tante Toni, „hat die Gräfin den untreuen Grafen ermordet. Sie hat ihm einen silbernen Dolch in die Brust gerammt und daran ist er elendiglich verblutet!" – „Warum hat sie das gemacht?", fragte ich zitternd. „Weil er sie hintergangen hatte", deklamierte meine Geschichtenerzählerin. Ich war entsetzt und wagte keine weiteren Fragen zu stellen. Diese Episode war natürlich Tante Tonis unerschöpflicher Fantasie entsprungen, doch heute frage ich mich, ob da nicht auch ein wenig eigene Rachegefühle mitgespielt haben, die Rache der von Frank Plank betrogenen Frau. Vielleicht hätte sie ihm damals nach ihrer großen Enttäuschung auch gern einen Dolch in die Brust gerammt, wenigstens in Gedanken.

Ein strategisch wichtiges Gebäude an der Donau stellte das Finanzamt dar. Dieses Gebäude am Brückenkopf mit breiten Granittreppen und Arkadengängen war zur Zeit des Anschlusses errichtet, aber erst 1947 fertiggestellt worden. Im rechten Brückenkopfgebäude war in den Sechzigerjahren noch das Finanzamt Linz untergebracht. Dieses barg eine Sensation, die mir Tante Toni selbstverständlich präsentieren wollte: einen Paternosteraufzug, welcher damals, 1965, der einzige in Betrieb befindliche Aufzug dieser Art in Oberösterreich war. Beim Paternosteraufzug verkehren mehrere an zwei Ketten hängende Einzelkabinen, üblicherweise für ein bis zwei Personen je Kabine, im ständigen Umlaufbetrieb. Die Kabinen werden am oberen und unteren Wendepunkt in den jeweils anderen Aufzugsschacht umgesetzt. Die Bezeichnung Paternoster stammt eigentlich vom Rosenkranz her. „Beim Rosenkranz folgt auf zehn ‚Ave Maria', symbolisiert durch kleinere Perlen, eine davon abgesetzte größere Perle für das Vaterunser", so meine alles wissende Großtante. Die Personenkabinen sind wie Rosenkranzperlen auf einer Schnur aufgefädelt.

Zuerst erklärte Tante Toni mir damals das System. Wir standen eine Weile vor dem Paternoster und beobachteten die Leute, die rasch hinein- und heraussprangen. Ich konnte mir nicht vorstellen, wie die Leute wieder stehend herunterkamen. „Aber Tante Toni, wie dreht denn der Lift oben um? Da müssen die Leute ja auf dem Kopf stehen, wenn sie wieder runterfahren?!" Ich konnte mir das Geheimnis beim besten Willen nicht erklären und es erforderte meinen ganzen Mut, mit Tante Toni einzusteigen. Mit meiner kleinen Hand umklammerte ich fest die ihre und hüpfte mit klopfendem Herz in die Kabine. Als wir oben heil ankamen und wieder in der gleichen stehenden Position – und nicht wie befürchtet auf dem Kopf – herunterkamen war eine neue Leidenschaft geboren. „Bitte Tante Toni, noch einmal!", bettelte ich.

Wie sehr liebte ich den Paternoster! Das Finanzamt wurde ab diesem Zeitpunkt zu einem unserer Lieblingsaufenthaltsorte. Immer wieder fuhren wir auf und ab, der Portier kannte uns bereits und grüßte freundlich, wenn er uns kommen sah.

In meiner Kinderwelt war das Linz der Sechzigerjahre, das Tante Toni mir zeigte, voller Abenteuer und Geheimnisse.

Unsere erste gemeinsame Reise aus Linz hinaus – abgesehen von der Fahrt mit dem Donaudampfschiff – führte uns in die Hauptstadt Wien. Wir nahmen den ersten Zug ganz früh am Morgen und nach einer heißen Schokolade am Wiener Westbahnhof begannen wir unsere Entdeckungsreise mit einem Besuch im Stephansdom. Tante Toni wollte mir unbedingt die Schönheit der Gotik näherbringen, aber auch den „Fenstergucker" zeigen, von dem sie während der Zugfahrt bereits gesprochen hatte. Ich platzte vor Neugierde, diesen endlich zu Gesicht zu bekommen. Beim Fenstergucker handelt es sich um das Ebenbild des Steinmetzes der wunderbaren Kanzel, Meister Pilgram, der sich hier verewigen wollte. „Er wollte sein Kunstwerk sozusagen auf seiner Schulter tragen", erklärte mir Tante Toni.

Dann führte sie mich in den Prater. Schon von Weitem erspähte ich das Riesenrad und erwartungsvoll bestiegen wir schließlich eine der roten Gondeln. Ich war sprachlos über den herrlichen weitläufigen Blick, der sich uns bot. Von oben sah man wie in Miniatur alle Karussells und Bahnen des Wurstelpraters, Teiche und Wiesen – ein schier endloses Nebeneinander von Würstelbuden und Autodrom-Zelten. Dann schlenderten wir langsam umher, weil ich sie immer wieder zur Seite zog und etwas wissen wollte, bis sie mir schließlich den „Watschenmann" vorstellte. Auf dieser legendären ballonartigen Figur saß ein nahezu menschlich wirkender lederner Kopf.

Der Watschenmann im Wiener Prater, ein Anziehungspunkt nicht nur für Kraftmeier

Die Leute kamen hierher, um ihm eine anständige Watsche zu geben, woraufhin er einen herzzerreißenden Schrei ausstieß. Die Stärke des Schlages wurde mit einem Zeigerinstrument oberhalb des Kopfes gemessen. Die Figur erfreute alle Kraftmeier, aber zugleich diente es jedermann zum Abreagieren. Des Watschenmanns Vorgänger soll eine Türkenfigur aus Stoff gewesen sein. Diese wurde dann später zu einem Kraftmessgerät mit Münzeinwurf umgewandelt und tauchte als solches erstmals 1890 im Prater auf. Es gab kurzfristig auch Variationen des Watschenmannes, wie „Watschenfrauen" und „Watschenaffen", aber die setzten sich nicht durch. „So einen Watschenmann mit Hitlergesicht hätten wir in den Dreißigerjahren haben sollen, vielleicht wär uns dann der ganze Rest erspart geblieben", murmelte Tante Toni beim Anblick des Watschenmannes. Tante Toni ließ mich natürlich auch das Watschen probieren, allerdings war ich viel zu vorsichtig und der Zeiger bewegte sich kaum.

Das nächste Abenteuer erlebten wir in der Geisterbahn. Die hatte ich schon vom Urfahraner Markt gekannt, aber die Variante im Prater war viel unheimlicher. Tante Toni erklärte mir, dass die allererste Geisterbahn Europas in den Dreißigerjahren im Prater gebaut worden war. Als wir in dem kleinen Waggon saßen, hatten wir auf einmal beide Angst und auf der kurvenreichen Fahrt durch die Dunkelheit schrien wir bei jedem Skelett, das uns angrinste, wie am Spieß. Wenn eine kalte Hand oder eine Spinnwebe unser Gesicht berührte, hielten wir uns ganz fest an der Hand und ich kniff die Augen zusammen. Gruselig war das! Nach der Fahrt taumelten wir unsicher aus der Geisterbahn, lachten erleichtert auf und spazierten weiter. Staunend blieb ich dann vor der Hochschaubahn stehen. Ich zog Tante Toni an der Hand: „Bitte, Tante Toni, lass uns doch damit fahren!" Wir absolvierten sogar vier Runden, aber dann meinte Tante Toni, ihr schwacher Kreislauf würde eine weitere Fahrt nicht mehr gestatten. Als sie meine sehnsüchtigen Blicke sah, schmunzelte sie und kaufte noch ein paar Billets. Insgesamt durfte ich schließlich ganze zweiunddreißig Mal fahren! Dafür verzichtete ich sogar gerne auf ein Eis. Die Strecke der zweiten Achterbahn führte durch eine künstliche Szenerie, die den Großglockner nachstellen sollte, und durch sieben Tunnel. Die vielen schelmischen Gartenzwerge entlang der Strecke gaben ihr den Beinamen „Zwergerlbahn".

Ich hatte bis dahin nur die Linzer Grottenbahn gekannt, und die war schon ein wundersames Reich für mich gewesen. Aber der Prater war natürlich noch weit faszinierender.

Es war schon finster, als wir zum Bahnhof eilten und zurück nach Linz fuhren. Trotz meiner Aufregung schlief ich sofort ein. Meine Mutter holte uns spätabends in Linz bei den steinernen Löwen, die den Eingang bewachten, wieder ab. Ich glaube, dieser Tag war die Geburtsstunde meiner großen Liebe zu Wien.

Tante Toni unternahm auch Reisen mit den Kindern anderer Verwandter von der Seite ihres Mannes. Aber ich glaube, dass sie mit uns am meisten Spaß hatte. Hin und wieder, wenn Tante Toni den Verwandten die Leviten las, weil sie aufgrund einer gewissen Unachtsamkeit Geldprobleme hatten, wies Tante Toni diese brieflich zurecht: „Ich habe ja nicht unwesentlich zu eurem Garderobenbudget beigetragen. Oder glaubst du, dass das der Bischof mit den roten Schuhen bezahlt hat?" Das war wieder einmal ein typischer Tante-Toni-Spruch!

Eine Lektion zum Thema Umgang mit Geld erhielt ich von Tante Toni auch auf einem unserer häufigen Spaziergänge. Ich muss sieben oder acht Jahre alt gewesen sein, jedenfalls konnte ich schon lesen. Einer unserer Lieblingswege führte zum Restaurant „Wienerwald" am Freinberg, wo es eine schöne Terrasse gab. Tante Toni drückte mir die Speisekarte in die Hand und sagte: „Du kannst bestellen, was du willst!" Ich studierte die Karte von rechts nach links, zuerst die Preise, dann erst die Gerichte. Ich wollte Tante Toni auf keinen Fall zu viele Kosten verursachen, deshalb wählte ich immer „Nudelsuppe mit Würstel" – das war am billigsten. Ich behauptete, das wäre mein Lieblingsgericht. Und das wurde es mit der Zeit sogar, weil ich sie immer wieder bestellte und innerlich mit den Tante-Toni-Ausflügen verband. Ich weiß aber, dass Tante Toni ahnte, warum ich das tat. Und irgendwie war sie wohl auch stolz auf mich.

Tante Tonis Finanzlektionen haben sich tatsächlich fest in mir verankert, ich habe immer versucht, mich daran zu halten. Ich wusste, wie wichtig es für meine Großtante gewesen war, ihr eigenes Geld zu verdienen und nicht einfach auf eine Ehe oder ein Erbe zu warten. Sie machte mir auch immer wieder klar, wie wichtig es war, fleißig in der Schule zu sein und einen, wie sie es nannte, „anständigen" Beruf zu erlernen. „Du hast heute so viele Möglichkeiten, die wir in unserer Kriegsjugend nicht hatten. Sei dankbar dafür. Eine Frau muss unabhängig sein, aber trotzdem auf die Familie schauen. So wie deine Mama."

... ist alles ein Schwindel

Als meine Mutter mit nur zweiundvierzig Jahren starb, zerbrach die gesamte Familie. Die Feindschaft zwischen meiner Großmutter und Tante Toni war nun zu einer unüberwindbaren Mauer geworden. Meine Mutter war immer wie ein Puffer zwischen den beiden Schwägerinnen gestanden, doch von nun an durfte ich Tante Toni nicht mehr so oft sehen. Außerdem betrat sie nie wieder unser Haus, wenn unsere Großmutter zugegen war. Um nichts in der Welt hätte ich allerdings den Kontakt mit meiner wunderbaren Großtante abgebrochen. Daher traf ich sie ab und zu heimlich, indem ich Besuche bei Freundinnen vorschob. Hin und wieder wurde mein Schwindel entdeckt und in der Folge bestraft, doch das war mir egal. Im Gegenteil, erhobenen Hauptes ertrug ich den mir auferlegten „Hausarrest".

Tante Toni war meine zweite Großtante in der Familie. Tante Mia, die Schwester meiner Großmutter, hat mich ebenfalls sehr geprägt, ich habe auch sie geliebt und bewundert. Tante Toni, die immer schon, besonders seit der Geburt von uns Großnichten, zu uns nach Hause kam, pflegte eine distanziertes Verhältnis zu Tante Mia, bewunderte allerdings ihr Kunstverständnis und ihre schillernde Persönlichkeit, die so ganz anders war als ihre. Aber nie wechselten die beiden mehr als einige Höflichkeitsfloskeln miteinander. Ich glaube, dass Tante Mia als Schwester meiner Großmutter schlicht das gegnerische Lager für Tante Toni bedeutete. Zudem waren die beiden so grundverschieden, dass es kaum Gemeinsamkeiten gab, die sie hätten verbinden können. Tante Mia hingegen, die Künstlerin, bewunderte Tante Tonis Mut.

Um meinen Schmerz nach dem Tod meiner Mutter zu lindern, wollte Tante Toni mir etwas Besonderes bieten. Im darauffolgenden Sommer begab sie sich zu meinem Vater ins Büro bei der Post, was sie noch nie zuvor getan hatte, und sagte zu ihm: „Ich möchte mit Christa eine Busreise in die Schweiz und nach Paris machen. Ich habe ein sehr gutes Angebot gesehen." Mein Vater antwortete: „Dafür ist sie noch viel zu jung, sie ist erst zwölf. Kommt nicht in Frage." Tante Toni erwiderte: „Und ich bin zu alt, um zu warten, bis sie älter ist. Du musst zustimmen. Ich lade sie ein." Als Tante Toni mir von ihren Plänen erzählte, konnte ich mein Glück kaum fassen. Aber dann dachte ich an meine Mutter, die immer von einer Reise nach Paris geträumt hatte und wurde sehr traurig. Tränen flossen über meine Wangen. Tante Toni nahm mich in den Arm, streichelte mich liebevoll und sagte: „Du hast Lachen und Weinen in einem Sackerl."

Das mit der Liebe ...

Vor Reiseantritt war ich ganz zappelig vor Aufregung. Mit erhobenem Zeigefinger bläute mir mein Vater ein, dass ich mich anständig verhalten müsse, alle Instruktionen befolgen müsse und Tante Toni niemals widersprechen dürfe. Beim geringsten Missverhalten würde ich stante pede heimgeschickt werden. Ich nickte und wollte alles richtig machen, doch von den vielen Ratschlägen schwirrte mir der Kopf. Tante Toni tätschelte meinen Rücken und flüsterte mir ins Ohr: „Wir beide machen uns eine Gaudi, keine Angst!"

Mit meinen gerade mal zwölf Jahren war ich die Jüngste in der freundlichen Busreisegruppe. Neben mehreren Pensionistenehepaaren, die sich als sehr unterhaltsam herausstellten, fuhr glücklicherweise auch eine Familie mit zwei jungen Mädchen mit. So lernte ich die Schweiz und Paris kennen und heute bin ich überzeugt davon, dass mit dieser Reise der Grundstein für meinen späteren Lebensweg gelegt wurde.

Ich erinnere mich noch an viele Details, zum Beispiel an Luzern mit seiner postkartenschönen Holzbrücke sowie an den grün schillernden Vierwaldstättersee, umrahmt von imposanten Bergen. Wir machten eine Fahrt auf dem See mit einem historischen Dampfer, wie ich ihn vom Salzkammergut her kannte. Der Duft des Wassers erinnerte mich ebenfalls an die Heimat, aber die Farben schienen intensiver. Ich verstand nun den legendären Ruf der Schweiz als Schokoladeneldorado. Ganz besonders hatten es mir die kleinen Täfelchen angetan, die in buntes Papier, meist mit Landschaften darauf, verpackt waren.

Wir bewunderten das Luzerner Bourbaki-Rundgemälde, welches an die freiwillige Gefangennahme von 87 000 französischen Soldaten erinnert, die im Winter 1871 in der Schweiz Zuflucht fanden. Noch nie hatte ich ein Gemälde gesehen, das so gigantisch war, dass man im Rund daran entlanggehen konnte, wodurch ein Panoramaeindruck entstand. Tante Toni sagte, dass das Gemälde dem Innsbrucker Riesenrundgemälde von Andreas Hofers Freiheitskampf aus dem Jahr 1809 ähnle. Es sei ungefähr gleich groß, verwende eine ähnliche Technik und zeige einen ebenso dramatischen Teil der Geschichte. Ich war stolz auf meine Großtante, denn auch die anderen Mitreisenden lauschten aufmerksam den Bemerkungen meiner wandelnden Enzyklopädie.

Der Bus brachte uns so nahe wie möglich an das autofreie Zermatt. Wir hatten dort einen freien Tag zur Verfügung und konnten tun, was immer wir wollten. Tante Toni war genauso aufgeregt wie ich, als wir im Zug von Täsch nach

Zermatt fuhren, es wirkte fast ein bisschen wie eine Berggrottenbahn. Kurz nach unserer Ankunft im geraniengeschmückten Dorf mit den pittoresken Holzhäusern erblickte ich den von Tante Toni angekündigten Höhepunkt der Reise. Vorerst sah ich nur ein aus einem Wolkenmeer ragendes felsiges Dreieck. „Schau, Tante Toni, das muss das Matterhorn sein!" Tante Toni, bewaffnet mit dem Jägerfernglas ihres verstorbenen Mannes, hielt mir selbiges vor die Augen und dann erblickte ich das Wahrzeichen Zermatts in voller Pracht. Wir bestiegen die Gornergratbahn und „erklommen" den Gipfel des Berges per Zahnradbahn, einer Bahn, die sich genau wie die Pöstlingbergbahn fortbewegte. Was für ein Panorama und welch großartiges Farbenspiel bot sich uns zwischen den sattgrünen Wiesen und den glitzernd weißen Eismassen. Oben angekommen zeigte mir Tante Toni den Monte-Rosa-Gletscher. Die Szenerie war atemberaubend und ich war selig, so eine wunderbare Tante zu haben, die mir die Welt zeigte. Sie lobte stets die Ingenieurskunst der Schweizer und betonte, welch herausragende Leistung es war, diese Eisenbahn-, Brücken- und Tunnelkonstruktionen in solch gebirgigem Gelände zu bauen. Ich erinnere mich noch gut daran, was das für ein wunderschöner, überwältigender Tag voller neuer Eindrücke war.

Die überwältigende Kulisse des Monte-Rosa- und Gornergletschers

Zurück im Dorf mussten wir uns erst einmal stärken. „Was gibt es als Mittagsmenü?", wollte Tante Toni wissen. „Rindszunge mit Kartoffelpüree", meinte ein freundlicher Kellner. Tante Toni sah mich an. Ich fragte: „Ist das wirklich die Zunge von einem Rind?" – „Ja", sagte sie, „die ist gesund und köstlich." Sie sah mein Zögern: „Wenn du das noch nie gegessen hast, musst du es hier probieren. Es schmeckt dir bestimmt." Ich nickte etwas verunsichert. Der Anblick des in Scheiben geschnittenen Organs überzeugt mich auch nicht so recht. So nahm ich mir zuerst das ausgezeichnete Kartoffelpüree vor. Tante Toni beobachtete mich diskret. Dann schnitt ich winzige Stücke der Zunge ab und aß sie. Es war nicht wirklich abstoßend, aber es schmeckte auch nicht gerade wie ein Wiener Schnitzel. Ich würgte ungefähr die Hälfte hinunter, sagte aber nichts. Tante Toni meinte schließlich: „Du musst es nicht aufessen, die Portion war sicher zu groß." Nie hätte ich gewagt, diese für mich neue Speise einfach wegzuschieben. Und das wusste Tante Toni sehr genau.

Mit dem Bus ging es am nächsten Tag weiter in Richtung Genfer See, entlang herrlicher Landschaften mit satten, grünen Wiesen. Der Genfer See wirkte durch seine Größe auf mich wie das Meer, welches ich im Jahr zuvor zum ersten Mal erblickt hatte. „Der ist aber viel größer als der Attersee", stellte ich fest. Ich drückte mein Gesicht gegen die Busscheibe und beobachtete jeden Zentimeter dieses Naturwunders. Wir hielten in Montreux. Tante Toni zeigte mir die Esplanade und machte mich auf altehrwürdige Hotels aufmerksam. Wie daheim erzählte sie mir auch hier aus ihrem Geschichtenschatz. „Die Sisi war auch einmal genau hier, siehst du das Hotel dort? Und dann nahm sie ein Schiff nach Genf und wurde am Landesteg erstochen." Tante Tonis Tonlage untermalte so gut wie jede Filmmusik den Spannungsgrad der Erzählungen. Manchmal erhob sie die Stimme, dann pausierte sie gekonnt oder sie flüsterte gar. „Unsere Sisi?!", rief ich, mich an unsere Wienreise erinnernd. Die anderen Mitreisenden amüsierten sich über mein nie enden wollendes Erstaunen und meine schüchterne, aber trotzdem offensichtliche Begeisterung. Ich dachte schon damals: „Daran werde ich mich immer genau erinnern. Hier möchte ich einmal leben."

Das Abenteuer ging weiter und so erreichten wir, nachdem ich ein paar Stunden mit dem Kopf auf Tante Tonis Schoß geschlafen hatte, Paris. Tante Toni stieß mich sanft an: „Wach auf, Christa, wir sind in Paris!", rief sie entzückt. Ich sah breite Straßenzüge, Gebäude, viel höher als die auf der Ringstraße und geschäftige Menschen, so viele Autos und Busse, wie ich noch nie zuvor gesehen hatte. Ich wusste nicht, wohin ich meinen Blick zuerst wenden sollte, alles war so überwältigend und atemberaubend. „Und da", Tante Toni zeigte aufgeregt mit dem Finger, „das ist der Eiffelturm." Sofort wandten sich alle im Bus in die gezeigte Richtung, versuchten vom Fenster aus dieses Symbol der schönsten Stadt der Welt zu fotografieren oder zumindest einen Blick darauf zu erhaschen.

Wir stiegen in einem bescheidenen Hotel in Clichy ab. So ein multikulturelles Viertel hatte ich noch nie zuvor gesehen. Ich erinnere mich noch an das kleine einfache Hotel und unser winzig kleines Zimmer mit Blick in einen Innenhof. Am erstaunlichsten war das Bad mit seinen schwarz-weißen Kacheln. Und da stand noch etwas, das ich noch nie gesehen hatte. „Tante Toni, was ist das?" – „Damit waschen sich die Franzosen den Allerwertesten und die Damen zwischen den Beinen", kam die Antwort. Ich starrte Tante Toni ungläubig an. „Aber wieso?" – „Weil das so praktischer ist." Ich beugte mich über das seltsame Stück, drehte den Wasserhahn auf – und wusch mir die Hände. Tante Toni sagte: „Ja, das geht natürlich auch. Übrigens hat das die Marie Antoinette auch schon benutzt." So erachtete ich das Bidet als eine Art zusätzliches, herrschaftliches Waschbecken für kleine Mädchen wie mich, nur besser erreichbar. Ich benutzte es jeden Tag und wusch hauptsächlich meine müden Füße, was auf diese Art sehr praktisch und nach dem stundenlangen Laufen angenehm erfrischend war. Tante Toni fand das eine gute Idee und tat es mir gleich.

Versaille war atemberaubend. So ein riesengroßes Schloss, da wirkte ja Schönbrunn klein dagegen! Wir besuchten mit einer Führung die Appartements Marie-Antoinettes. Und was fanden wir? Ein Bidet. Tante Toni und ich blickten uns gleichzeitig an und schmunzelten. In der Reisegruppe befanden sich auch zwei junge Mädchen von sechzehn und achtzehn Jahren. Tante Toni hatte die beiden natürlich gleich angesprochen und sie gebeten, mich auf einem Rundgang durch Clichy mitzunehmen. Ich denke, sie war wohl zu erschöpft dafür und wollte mir außerdem einen Ausgang ohne Respektsperson gönnen. Sie nahm mich beiseite und sagte: „Du darfst mit den beiden jungen Mädchen eine kleine Tour drehen. Aber du musst um zweiundzwanzig Uhr zurück sein." Ich besaß damals noch keine Uhr, also vertraute sie mir ihre „heilige" Omega an und legte sie mir ums Handgelenk. „Geh immer mit den beiden mit und sei brav. Vergiss nicht: Ich vertraue dir." So ließ mich meine alte Tante in Paris allein mit zwei jungen Mädchen um den Häuserblock spazieren. Ich war sprachlos: So sehr glaubte sie an mich? Niemals hätten mein Vater oder meine Großmutter so viel Vertrauen in mich gesetzt. Ich war daher sehr nervös, aber die beiden Mädchen nahmen mich zwischen sich und los ging es, vorbei an wilden Bars, spärlich bekleideten dunkelhäutigen Mädchen und bunt blinkenden Reklameschildern. Überglücklich über diesen Ausflug in eine fremde Welt klopfte ich um einundzwanzig Uhr fünfundfünfzig an Tante Tonis Zimmertüre und sie umarmte mich fest und sichtlich erleichtert mit der Frage: „Na, wie war's?"

Unsere drei Tage in Paris glichen einem Film. Ich erlebte Momente, die mir heute noch manchmal im Traum erscheinen. Tante Toni beschloss, dass es meiner Allgemeinbildung dienlich wäre, wenn sie mich ins Folies Bergère mitnahm. Nachdem Sie gesehen hatte, dass bald die nächste Vorstellung begann, bestach sie kriegserprobt kurzerhand einen Kontrolleur am Eingang, da der Zutritt natürlich nur Erwachsenen gestattet war. Sie zog mich an der Hand in den Prachtsaal, wo wir Platz nahmen. Sie flüsterte mir ins Ohr: „Das sind die schönsten Frauen von Paris, schau sie dir gut an", und ich blickte auf ihre vollen Brüste, die durch die spärlichen Kostüme nur noch mehr betont wurden. Außerdem entsinne ich mich der weißen langen Stiefel über schwarzen Netzstrümpfen und des glitzernden Haarschmucks mit Federn und Glöckchen. Schwungvolle Musik begleitete die Tänzerinnen und Tänzer. Ich rieb mir die Augen und konnte nicht glauben, was ich da alles zu Gesicht bekam. Fasziniert beobachtete ich das entflammte Publikum, es bot ebenso ein Spektakel mit den Zurufen und dem leidenschaftlichen Klatschen. Meine Großtante schielte immer wieder zu mir hin und schmunzelte. Ich denke aber, dass es ihr auch gefallen hat und sie vielleicht an die Orientbar in Linz dachte.

Am nächsten Tag besichtigten wir Notre Dame. Ich kannte den Film „Der Glöckner von Notre Dame" und blickte daher umso ehrfürchtiger auf die mächtigen Türen am Eingang, in der Hoffnung, dass gleich Esmeralda herauseilen würde.

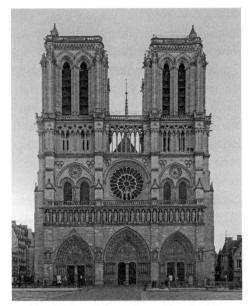

Der eindrucksvolle Blick auf die Hauptfassade von Notre Dame

Um die Mittagszeit ging Tante Toni in ein kleines nahe gelegenes Lebensmittelgeschäft, bat mich, am Eingang zu warten und kam mit einer nun ausgebeulten Tasche zurück. Dann setzten wir uns auf die Steinstufen mit einem großartigen Blick auf die außergewöhnliche Kathedrale. Sie brach das mitgebrachte Baguette in zwei Teile, schnitt mit einem Taschenmesser einen Camembert in zwei Hälften, öffnete eine kleine Flasche Rotwein mit ihrem Schweizermesser und rief voller Enthusiasmus: „Prost, Christa! Das ist Frankreich!" Dann reichte sie mir die Flasche und ließ mich den Wein versuchen. Wir aßen und tranken schweigend miteinander und blickten auf das herrliche Getümmel, hörten Sprachfetzen aller möglichen Länder, sahen lachende Jugendliche und sich küssende Liebespaare. Dann meinte Tante Toni verschmitzt: „Alles musst du ja zu Hause nicht erzählen ..." Ich hatte mich noch nie zuvor so erwachsen gefühlt!

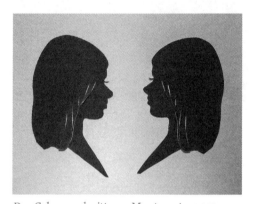

Der Scherenschnitt von Montmartre 1973

Am letzten Tag ging es auf den Montmartre, wo mir Tante Toni von den dort tätigen Künstlern erzählte, von Edith Piaf, Charles Trenet und Dalida, von Charles Aznavour und dem Cancan. Am Place du Tertre mit all den Malern und Künstlern spazierten wir rundherum und beobachteten die Posen der Leute, die sich porträtieren ließen. Tante Toni meinte: „Du warst sehr brav, jetzt darfst du dir was aussuchen. Möchtest du ein Porträt?" Ich blickte sie erstaunt an und sagte: „Lass uns bitte nochmal um den Platz gehen." Ich betrachtete alle Künstler und wählte schließlich einen kleinen Mann mit Schnurrbart und typisch französischem Barett. Er fertigte Scherenschnitte an, die – das hatte ich gleich bemerkt – viel billiger waren als die großen Porträts. „Tante Toni, bitte darf ich einen Scherenschnitt haben?" Und dann nahm ich auf einem hohen Bistro-Barhocker aus Stroh Platz und schaute gebannt geradeaus. Das Bild ließ ich viele, viele Jahre später rahmen – jedes Mal, wenn ich es ansehe, muss ich lächeln und an unsere unvergessliche Zeit in Paris denken.

In einem Brief an meine älteste Schwester schrieb Tante Toni lange Zeit später Folgendes: „Die Christa mit ihren zwölf Jahren in Paris war ja auch einmalig.

Das mit der Liebe ...

Sie war über ihr Alter weit hinaus und mich wundert es heute noch, dass der Vati wirklich Ja gesagt hat. Jetzt fährt sie ja selbst weit herum. Nur eine kleine Angst hab' ich: Christa soll sich politisch weder rechts noch links anschließen." Ja, ihr politisches Interesse hat Tante Toni wohl auch an mich weitergegeben.

Auf all unseren gemeinsamen Fahrten, die mich sehr nachhaltig geprägt haben, führten meine Tante und ich zahlreiche Gespräche, wie ich sie bis dahin nicht gekannt hatte. Tante Toni war die Person in meinem Leben, die mich aufklärte. Als auf der Reise nach Paris eines der Mädchen aus der Reisegruppe, mit denen ich später in Clichy unterwegs sein sollte, über Bauchschmerzen klagte, meinte Tante Toni: „Die hat Besuch von der ‚roten Tante'." Ich sah sie fragend an. „Na, das wird auch bei dir einmal so sein. Wenn man eine Frau wird, hat das immer mit Schmerzen zu tun: Man hat Schmerzen, eine zu werden, Schmerzen, wenn man Leben weitergibt, und Schmerzen, wenn man dann das Frausein langsam verlässt." Das klang ja nicht gerade sehr ermutigend, aber bereits ein Jahr später sollte ich wieder an die „rote Tante" und Tante Tonis Worte denken.

Tante Toni fand immer einen Grund zum Feiern

... ist alles ein Schwindel

„GEHUPFT WIE GESPRUNGEN"
Alter und Abschiednehmen

„Das Zipperlein hat mir der Vater vererbt. Mich zwickts überall, in den Beinen und den vermaledeiten Händen", klagte Tante Toni in einem Brief an Hilde. „Ich werd' einfach alt. Aber mein Kopf, der funktioniert noch einwandfrei, der hat mich bisher nie im Stich lassen."

Wegen Tante Tonis Arthritis erklommen wir meist sehr gemächlich die Stiegen zu der im vierten Stock gelegenen Wohnung, Lift gab es keinen. Ich hörte ihr Schnaufen und bemerkte die Schwierigkeiten, mit denen sie kämpfte, um die hohen Stufen zu bewältigen. Dennoch erzählte sie mir allerhand Geschichten, blieb dabei in jedem Stockwerk stehen, vermutlich um sich zu erholen, und berichtete von den Kriegen und von Leuten, die sie kannte. Nie hätte sie mich beunruhigen wollen, aber die Stufen bedeuteten für sie eine echte Qual.

Ein Artikel in den „Oberösterreichischen Nachrichten" 1973 weckte Tante Tonis Aufmerksamkeit. Es war ein zweiseitiger Bericht über das Anatomische Institut in Wien. Wenn man seinen toten Körper für medizinische Versuche spendete, dann half man erstens den Studenten und zweitens wurden die Begräbniskosten vollständig übernommen. Das leuchtete Tante Toni sofort ein. Es war doch wunderbar, angehende Mediziner zu fördern und nach dem Tod finanziell niemandem zur Last zu fallen. Also schrieb sie sogleich einen Brief an das Institut, ließ sich alle Dokumente schicken und telefonisch alles erklären. Dann unterschrieb sie, was sie für eine gute Entscheidung hielt.

Als ihr letzter Verbündeter, nämlich mein Großvater, ihr Bruder Karl, 1979 starb, hatte Tante Toni begonnen, sich zusehends mit ihrem eigenen Ableben auseinanderzusetzen. „Wo ich sterbe, ist g'hupft wie g'sprungen", sagte Tante Toni. Auch im Alter behielt sie ihre Eigenständigkeit, ihr Organisationstalent und ihren unvergleichlichen Realitätssinn.

Nachdem Tante Toni mehrmals bei sich zu Hause einen Schwindelanfall erlitten hatte, gestürzt war und stundenlang auf dem Boden gelegen hatte, bevor jemand ihre Hilferufe hörte, entschied sie 1983, mit 82 Jahren also, dass es an der Zeit sei, in ein Altersheim zu ziehen, um dort ihren Lebensabend zu verbringen. Das Leben allein und der mühsame Gang in den vierten Stock ohne Lift wurden zu beschwerlich für sie und die immer häufiger auftretenden Schwächeanfälle erachtete sie als zu riskant, um ohne Hilfe den Haushalt führen zu können. Sie hatte sich bestens informiert und nach intensiven Überprüfungen das Pensionistenheim Bad Mühllacken als den geeignetsten Ort befunden – vor allem, weil es „das billigste war", wie sie in einem Brief schrieb. Zusätzlich lag das Heim nahe der Donau und mitten „im Grünen", aber dennoch nicht zu weit von der Stadt entfernt, um noch hin und wieder ins Kaffeehaus zu gehen.

Tante Toni zwischen meinen beiden Schwestern in den Siebzigerjahren

Was ihr aber am meisten gefiel, war der Kindergarten nebenan: So konnte sie fröhliches Kinderlachen hören und die Kleinen vorbeiflitzen sehen. Sie, die Kinder immer so geliebt hatte und mit ihnen so wunderbar umzugehen wusste, sah damit einen Lichtblick in ihrem neuen Lebensabschnitt. Außerdem gab es in unmittelbarer Nähe eine Konditorei und auch das sagte ihr sehr zu. Sie war sicher eine der rüstigsten Bewohnerinnen, wenn man ihre geistige Verfassung bedachte. Und aufgrund ihrer langjährigen Berufserfahrung wurde sie alsbald zu einer Art Sprecherin der Heimbewohner erkoren. So befand sie es als sehr wichtig, einen Beschwerdebriefkasten einrichten zu lassen, in den alle Bewohnerinnen und Bewohner schriftlich festgehaltene Unzulänglichkeiten oder Berichte von kleineren Problemen anonym einwerfen konnten. Tante Tonis Mitbewohnerinnen und Mitbewohner, es waren hauptsächlich Frauen, waren dankbar für dieses ungewohnte Stimmrecht, welches sie so unverhofft erhalten hatten. Und so verwaltete Tante Toni natürlich den Briefkasten und stellte eine direkte Verbindung zur Heimdirektion her.

Tante Toni teilte ihr Zimmer mit einer anderen Dame und rechnete damit, dass ihr eigener Aufenthalt nur von kurzer Dauer sein würde und sie bald sterben könnte. Sie vertrieb sich die Zeit mit Zeitunglesen, Leserbriefeschreiben, Radiohören und gelegentlich besuchte sie die nächstgelegene Konditorei oder ging in die Stadt. Sie verwaltete weiterhin ihre Finanzen, fuhr regelmäßig nach Linz auf die Bank – und wartete aufs Sterben. In einem Brief an mich schrieb sie: „Im Übrigen muss ich dir sagen, es ist bestimmt nicht gut, in einem Schwesternheim zu sein. Daher trug ich mich schon mit dem Gedanken, dies zu ändern. Infolge meines vorgerückten Alters bin ich aber davon abgekommen, ein Umzug reicht. Wir können uns ja wieder bald einmal sehen, wir haben hier eine schöne Konditorei, sodass für unser leibliches Wohl gesorgt ist."

Es passte zu ihrer praktischen Gesinnung, dass sie jetzt den Zeitpunkt zu gehen als beste Lösung erachtete. Sie blickte zurück auf ihr Leben und meinte: „Heute bin ich eine alte Pensionistin, die fast fünfzig Jahre ihres Lebens für andere geschuftet und gerackert hat, und habe keine fünfstellige Pension. Aber das Wirtschaften hab ich immer verstanden, sonst hätte ich mir nicht das zu leisten vermocht, was ich mir geleistet habe." In ihren unzähligen Briefen meinte sie oft: „Ich hätte nicht gedacht, dass das Sterben so lang dauert." Und manchmal unterschrieb sie in zittriger Schrift mit: „Die Uralte". Im Jahr 1988 schrieb sie: „Ich wart halt immer noch aufs Sterben. Weiß nicht, warum es bei mir so lang dauert." Und im Juli desselben Jahrs: „Weißt, meine

Sprüche gehen mir langsam aus, ich mag auch gar nicht mehr." Ich denke, dass Tante Toni es einfach nicht gewohnt war, abhängig zu sein.

In einer kleinen Schachtel hob sie alle Parten auf. Es waren unzählige Todesanzeigen, angefangen von der ihrer Mutter 1917 über die meiner Mutter und meines Vaters bis zu denen ihres Mannes, meines Großvaters und vieler Mitbewohner und Mitbewohnerinnen des Pensionistenheims. Erstaunlicherweise waren auch einige Pfarrer darunter. Sie hatte wirklich alle in ihrem Umfeld überlebt, aber auch sehr unter dem Wegsterben der anderen gelitten.

War Tante Toni eigentlich religiös? Als Kind besuchte sie mit mir oft Kirchen und wir zündeten Kerzen für meine Mutter und Onkel Heinzi an. Diese kleine Tradition habe ich mir übrigens bis heute erhalten. Sie erzählte mir zahlreiche Anekdoten über Pfarrer und wusste viel über die katholische Kirche. Allerdings beobachtete sie die Fähigkeit der Pfarrer mit kritischen Augen. Von Nonnen hielt sie nie sehr viel. Ich besuchte damals die katholische Volksschule der Kreuzschwestern, von wo sie mich oft abholte, und ich vertraute ihr an, dass ich mich vor den dunklen Roben und Schleiern etwas fürchtete. Die stets ganz in Schwarz gekleideten Nonnen nannte Tante Toni kurzerhand „Duckenten", was ich sehr lustig fand. Wenn die gestrengen Nonnen mich zurechtwiesen, musste ich immer an diesen Ausdruck denken und meine Angst war wie weggeblasen.

In der vierten Klasse Volksschule hatte ich einen kleinen Unfall. Ich war in der großen Pause an einem wunderschönen Sommertag verbotenerweise durch den Schulgarten gelaufen, anstatt in Zweierreihen innerhalb des dunklen, kalten Schulgebäudes im Kreis zu gehen. Als ich die Glocke läuten hörte, lief ich schnell zurück ins Gebäude. Eine Schwester stand auf einer Leiter und goss Blumen, die sich in einer Schale auf einem Sims in der Höhe befanden. Ich eilte unter der Leiter hindurch, da die Glocke bereits ein zweites Mal geläutet hatte. Da ich damals noch nicht wusste, dass ich kurzsichtig war, bemerkte ich die Sicherheitsschnur nicht, die die beiden Leiterteile verband. So stürzte die Schwester mitsamt der Gießkanne hinunter und ich stand starr vor Schreck daneben. Dieses Ereignis hatte zur Folge, dass die Direktorin meine Eltern vorlud und meinte: „Das Kind ist zu aufgeweckt für diese Schule." Und so durfte ich bald hocherfreut in eine öffentliche Schule gehen. Ich war überglücklich, diesen Ort der steifen Erziehung verlassen zu haben. Und auch Tante Toni stellte fest: „Das hast du gut gemacht."

Für einige Heilige hegte Tante Toni eine große Leidenschaft, so zum Beispiel für den hl. Antonius. Für ihn ließ sie immer ein paar Schillinge in der Kirche und sie bat ihn inständig, ihr das gute Gedächtnis zu erhalten. Der hl. Antonius gilt in der ganzen Welt als derjenige Heilige, der Verlorenes wiederzufinden hilft: alltägliche Gegenstände, Dokumente, aber auch den Glauben. Letzteres aber war Tante Toni weniger wichtig – sie wollte bloß ihren klaren Geist bewahren. Noch mehr aber als der hl. Antonius lag Tante Toni der hl. Florian am Herzen, ja sie liebte ihn geradezu. Dieser soll brennende Häuser löschen und gilt als Schutzpatron der Feuerwehr und Feuerwehrleute, ist aber zugleich auch Schutzpatron der Bäcker, der Bierbrauer und der Gärtner sowie der Landespatron von Oberösterreich und Linz. Das alles gefiel Tante Toni und oft sagte sie herzlich lachend den Spruch: „Heiliger Sankt Florian, du guter Mann, verschon' mein Haus – zünd' andere an." Heute denke ich, dass es die Flammen und Feuer des Krieges gewesen waren, die sie zum hl. Florian beten ließen. Und dann waren da natürlich noch die Eisheiligen, die Tante Toni bereits einige Tage vor ihrem Ankommen stets folgendermaßen ankündigte: „Bonifazi, Pankrazi und Servazi sind drei frostige Bazi [auf Hochdeutsch: Schlingel]." Und zum Schluss fehlte nie die „kalte Sophie": „Die kalte Sophie macht alles hin."

Wie sahen Tante Tonis letzten Lebensjahre aus?

1988 schrieb sie mir: „Du musst bedenken, ich höre ja im Radio und Fernsehen alle politischen und alle wirtschaftlichen Sendungen. Das ist mir vom Berufsleben geblieben." Briefeschreiben gehörte zu ihrer täglichen Aktivität: Sie korrespondierte mit ihren Großnichten, verbliebenen Freunden, Bekannten und natürlich schrieb sie weiterhin Leserbriefe. Manchmal waren ihre Anliegen und Beschwerden so überzeugend, dass sie sogar zu Gesprächen, beispielsweise im Linzer Landhaus, eingeladen wurde.

Während ich in Innsbruck studierte, fragte ich sie in unserer regelmäßigen Korrespondenz oft über den Krieg aus. Sie antwortete bereitwillig und beurteilte auch die gegenwärtige Situation der Weltgeschichte für mich. „Weißt du, ich bin halt ein Freigeist", schrieb sie 1985, „ein ‚ésprit libre'. Das Denken hab' ich mir nie und nimmer verbieten lassen!"

Am 15. Jänner 1986, als der Halleysche Komet sich wieder einmal der Erde näherte, schrieb sie: „Gestern hörte ich in den Nachrichten, dass sich die Feuerwehrmänner alle anstrengen mussten, dem unglaublichen Wind und Sturm standzuhalten. Vielleicht bringt der alte und neue Komet eine Änderung der Atmosphäre mit. Im Jahr 1910 haben die Wiener ihr Geld versoffen, weil wir angeblich alle zugrunde gehen sollten. Meiner Meinung nach geht die Welt nie zugrunde, aber Teile derselben werden verschwinden." Sie blieb eine an so vielem interessierte Frau und litt unter der Tatsache, dass unter den Bewohnerinnen und Bewohnern des Heimes nur wenige waren, die ihr geistig ebenbürtig waren.

Am 7. Juni 1990, zwei Monate vor ihrem Tod, schrieb Tante Toni an ihre Halbschwester Hilde nach Eisenerz:

„Die Pfingsttage sind glücklich mit viel Regen und Gsturi [österreichisch für Durcheinander, Chaos] vergangen.
Mir hat das ein neues Gefühl gegeben. Mit den Schwestern hier komm ich nicht zurecht und erwäge, mir ein neues Domizil zu suchen und auch zu finden. Ich hab vor längerer Zeit in einer steirischen Zeitung gelesen, dass in Eisenerz ältere, alleinstehende Frauen versuchen, Frauen in Kost und Quartier zu nehmen. Ich glaube, dass das kaum möglich sein kann, und frage Euch, ob das stimmt. Ich bin bald neunundachtzig Jahre alt und weiß nicht, ob es sich noch lohnt. Ich zahle jetzt 6.987 Schilling, und ab 1. Juli kommt wieder eine Erhöhung. Was sagt Ihr zu so was? Nicht, dass Du glaubst, ich will zu Euch – aber vielleicht eine Witwe beglücken, das führ ich im Schilde. Mit den Schwestern hier will ich Schluss machen. Die Toni, die führt wieder was im Schilde!

Ich kann auch nicht mehr, drum muss ich abschließen und warte auf Euren Standpunkt!

Eure verzweifelte Toni.

... ist alles ein Schwindel

Tante Toni und ich in der Konditorei nahe dem Altersheim

Als ich Tante Toni Ende Juli 1990 besuchte, war sie schon recht schwach geworden und stand zunehmend wackeliger auf den Beinen. Ich musste ihr gleich eine Neuigkeit überbringen: „Tante Toni, stell dir vor: Ich heirate den Schweizer, den ich in Rom in einem Italienischkurs kennengelernt habe!" – „Wirklich?", fragte Tante Toni und sah mich an. „Ja, wirklich! Im Herbst ziehe ich zu ihm in die Schweiz", sagte ich strahlend. Tante Toni ging ganz langsam, aber lächelnd zu ihrer Nachttischkommode, öffnete die oberste Schublade und nahm eine Packung Ricola mit Johannisgeschmack heraus. „Das feiern wir", meinte sie. Wir setzten uns vor dem Haus auf eine Bank in die Nachmittagssonne und kauten beide die Bonbons. Wir sprachen wenig, sahen nur auf die im leichten Wind tanzenden Zweige einer Trauerweide. „Das hast du gut gemacht", meinte sie schlussendlich. „Die Schweizer sind patente Leute. Dass sie uns nach dem Krieg Fresspakete geschickt haben, vergess' ich ihnen nie. Dass sie auch jahrelang unsere Kinder nach dem Krieg in den Alpen aufgepäppelt haben, darüber spricht man nicht mehr. Erzähl das deiner zukünftigen Schwiegerfamilie. Sag ihnen, die Tante Toni, die weiß das noch alles. So wie die Helveten baut keiner Flughäfen oder Bahnen. Da können sich manche, vor allem die Österreicher, was davon abschauen. Und was für ordentliche Taschenmesser die machen! Und die vielen Banken, wo jeder sein Geld hinbringt. Die wissen, was sie tun. Die sind präzise und klar."

Zwei Wochen nach meinem letzten Besuch, am 4. August 1990, starb Antonia Bukowsky im Pensionistenheim Bad Mühllacken im Alter von 89 Jahren. Ihren Körper übergab man, wie sie es ausdrücklich gewünscht hatte, der Anatomie in Wien. Es gibt kein Grab von ihr, lediglich eine Gedenktafel. Der Leichnam wurde letztlich feuerbestattet und auf dem Wiener Zentralfriedhof in einer Ehrengrabstätte der Anatomie ohne Beisein von Angehörigen beerdigt. Das war für uns sehr traurig, aber es war nun einmal Tante Tonis letzter Wunsch. „Ich habe meinen Leichnam der medizinischen Wissenschaft zur Verfügung gestellt. Die 1. Anatomische Lehrkanzel der Universität Wien, Währingerstraße 13, muss verständigt werden, dass der Transport nach Wien durchgeführt wird. Die Schwestern wollen das verhindern, aber mein Wunsch muss erfüllt werden", schrieb Tante Toni in einem ihrer letzten Briefe. Jährlich findet Ende Oktober eine offizielle Gedenkfeier statt, ein Zeitpunkt, der zufällig mit Tante Tonis Geburtstag zusammenfällt.

Der Beschwerdebriefkasten im Heim wurde nach ihrem Tod abmontiert, aber noch heute erinnern sich einige Angestellte daran, dass ein solcher einmal existiert hat.

Ich hatte beim letzten Besuch bei Tante Toni beinahe die Wahrheit gesagt. Ich zog wirklich in die Schweiz zu „meinem" Schweizer, aber von Heiraten war damals noch nicht die Rede gewesen. Ich wollte Tante Toni lediglich beruhigen, denn ich spürte, dass ihr Ende nahte: Ich wollte ihr zeigen, dass ihr Einfluss bei mir tiefe, positive Spuren hinterlassen hatte, dass auch meine Reiseerlebnisse mit ihr tief in meinem Herzen verankert waren.

Erst am 28. August 1993 heiratete ich „den Schweizer" und lebe seither in dem Land, das Tante Toni 1973 mit mir bereiste und mir so nahebrachte. Seit 2001 habe ich sogar die Doppelstaatsbürgerschaft und den Schweizer Pass. Mein Mann und ich haben fünf Jahre in Paris gelebt und kehren regelmäßig dorthin zurück. Immer, wenn ich heute an Notre Dame vorbeispaziere, denke ich an mein unvergessliches Picknick mit Tante Toni und sage zu mir: „Das ist Frankreich!"

... ist alles ein Schwindel

EPILOG

Montreux, im Mai 2017

„Ich möchte hier an einem schönen Ort eine Parkbank spenden", schrieb ich im Frühjahr 2017 an die Stadtverwaltung von Montreux, „und zwar wenn möglich mit Ausblick auf See und Berge." An einem sonnigen Vormittag traf ich mich an der Uferpromenade des Genfer Sees in Montreux mit der für administrative Fragen zuständigen Dame sowie mit dem Verantwortlichen für städtische Parkanlagen. Die beiden erkundigten sich sogleich, ob ich einen bestimmten Ort im Sinne hätte und ich bejahte: „Vor der Kirche von St. Vincent." Dort gibt es nämlich einen der schönsten Aussichtspunkte auf den von der Gletscherschmelze türkisgrünen See und die majestätischen, noch mit Schnee bedeckten Berge. Wir begaben uns zu Fuß über eine steil ansteigende Straße, gesäumt von bunten historischen Gebäuden, die an Italien denken lassen, zur höher gelegenen Altstadt. „Sie können entweder eine neue Bank spenden oder

Das sollte ein idealer Platz für die Erinnerung an Tante Toni sein

eine existierende ältere ersetzen lassen", meinte Monsieur L. Ich deutete auf eine ältere Parkbank auf der kleinen Aussichtsterrasse vor der neugotischen Kirche und er fragte lächelnd: „Sie möchten also die allerschönste Aussicht?" – Ja, genau die wollte ich. Die Kirche hinter der Bank ist zudem dem hl. Vinzenz geweiht. Bei Tante Tonis Vorliebe für Heilige fehlte der natürlich noch, er ist unter anderem der Patron der Kaffeehäuser und in Burgund auch der Winzer. Man hebt das Glas und sagt: „Auf St. Vinzenz Sonnenschein, der bringt dem Winzer guten Wein." Das wird Tante Toni sicher gut gefallen und sie wird darüber lachen.

„Ich möchte auf der Bank eine Gedenktafel anbringen lassen", sprudelte es aus mir heraus. „Ich möchte sie nämlich meiner Großtante Antonia Bukowsky widmen. Sie war für mich eine sehr wichtige und großartige Frau. Sie hat mich vor über vierzig Jahren das erste Mal in die Schweiz mitgenommen und genau hier hätte es ihr gut gefallen. „Das Privileg einer Gedenktafel ist hier aber nur berühmten Persönlichkeiten vorbehalten", wandte Monsieur L. ein. Ich antwortete lächelnd und siegesgewiss: „Ja, dann haben wir gar kein Problem – ich schreibe nämlich gerade ein Buch über meine Großtante."

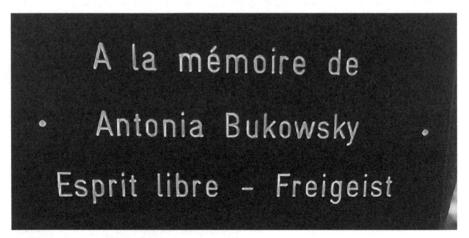

Plakette auf der Bank in Montreux

DANKSAGUNG

Das Entstehen meines zweiten Buches verdanke ich der Unterstützung vieler wichtiger Personen:

Meine Schwestern Evi und Uschi haben mit ihren Anekdoten, Briefen und Bildmaterial meine gelegentlichen Erinnerungslücken gestopft.

Evelyn Hinterecker stellte mir großzügigerweise das Porträtfoto und die wertvollen Liebesbriefe zur Verfügung, dafür bin ich ihr unendlich dankbar. Ing. Peter Moser hat mir ebenfalls liebenswürdigerweise Familienfotos zur Verfügung gestellt.

Dr. Angelika Schneider lektorierte das Manuskript meisterhaft und kämpfte sich freundlicherweise durch alle typisch (ober)österreichischen Ausdrücke.

Frau Dagmar Nakesch hat wie schon bei „Die Meisterin" unschätzbare Forschungsarbeit geleistet, in Archiven gewühlt und wichtige Fakten zum Leben der Antonia Bukowsky (wieder)entdeckt.

Beim TRAUNER Verlag danke ich allen voran Frau Schuhmann, die mich professionell, liebenswürdig und geduldig in jeder Hinsicht unterstützt hat und deren gesundes Gespür unersetzlich ist. Herr Schmolmüller zauberte eine wunderschöne Umschlaggrafik – vielen Dank.

Mein Mann Thomas stellte während der Arbeit zum Buch einen unerlässlichen Ruhepol dar.

Meinen Freundinnen und den „Losen Federn" rechne ich die unentwegte Ermutigung und den regen literarischen Austausch hoch an.

BILDNACHWEIS

Alle Bilder sind aus privaten Beständen außer:

Seite 53:
Foto Hollenden Hotel in Cleveland, Ohio: Wikipedia/Detroit Publishing Co., publisher. Gift to LOC; State Historical Society of Colorado; 1949, https://en.wikipedia.org/wiki/Hollenden_Hotel#/media/File:Hollenden_Hotel_Cleveland_LOC_det_4a11174.jpg; *abgerufen am 2. 9. 2020*

Seite 57:
Adolf Plank: Ellis Island Immigration Center

Seite 85:
Luftbild der Schlögener Schlinge von Südosten: Wikipedia/Aisano, https://de.wikipedia.org/wiki/Schl%C3%B6gener_Schlinge#/media/Datei:Schl%C3%B6gener_Schlinge_2010b.jpg; *abgerufen am 18. 8. 2020*

Seite 109:
Monte-Rosa-Gletscher: AdobeStock.com/Uwe

Seite 112:
Westfassade der Notre-Dame de Paris, 2014: Wikipedia/DXR/Daniel Vorndran, https://de.wikipedia.org/wiki/Kathedrale_Notre-Dame_de_Paris#/media/Datei:Cath%C3%A9drale_Notre-Dame_de_Paris,_20_March_2014.jpg; *abgerufen am 24. 8. 2020*

... ist alles ein Schwindel

Wer sich für mehr alte Fotos und Details aus dem Leben meiner Großtante Antonia Bukowsky interessiert, dem empfehle ich die Webseite:

https://das-mit-der-liebe-ist-alles-ein-schwindel.com

Informationen zum Buch „Die Meisterin", dem ersten Band meiner Trilogie über meine Großtanten, sowie weitere Details über Mia Beyerl, ihre Zeit und die Rolle der Frau in der klassischen Musik finden Sie auf der Webseite:

https://www.die-meisterin-mia-beyerl.com/links

Besuchen Sie auch meine Autorenwebseite, unter anderem mit Bildern und Videos meiner „Lesungen mit musikalischer Begleitung":

https://www.christaprameshuber.ch

Bleiben wir in Kontakt über Facebook und Instagram!

MEHR VON CHRISTA PRAMESHUBER

DIE MEISTERIN
Erinnerungen an die bemerkenswerte Künstlerin Mia Beyerl

Mia Beyerl, 1900 geboren, wusste schon früh, dass sie Opernsängerin werden wollte. 1919 zog sie daher voller Neugierde und Vorfreude von Linz nach Wien, um an der Staatsakademie Gesang und Klavier zu studieren. Ihr eigentlicher Traum, Dirigentin zu werden, war Frauen zur damaligen Zeit noch versagt. Während der Weltwirtschaftskrise 1929 sorgte eine Diphterieerkrankung für ein abruptes Ende ihrer vielversprechenden Karriere. Doch Mia gab sich nicht geschlagen und begann, sich als Gesangspädagogin in Linz zu etablieren.

112 Seiten
ISBN 978-3-99062-204-9
EUR 17,90

E-Book
ISBN 978-3-99062-971-0
EUR 13,90

Erschienen im TRAUNER Verlag, www.trauner.at

http://www.trauner.at/Buchdetail/25198121?kat=222&hauptkat=O%c3%96+Publikationen